Positive Psychologie in der Kriegstrauma-Therapie

Dragan Mirković

**Grundmaterial genommen
aus der gleichbetitelten Masterarbeit**

Zur Erlangung des akademischen Grades
Master of Arts (M.A.)

Vorgelegt
von

Dragan Mirković
Friedensau, Juli 2012

Erstgutachter: Andreas Bochmann, Ph.D. (USA)
Zweitgutachter: Prof. Dr. Phil. Thomas Steininger

WIDMUNG

Für meine Frau, die mich in diesem Prozess am meistens unterstützt hat und allen Psychotherapeuten, Beratern und Seelsorgern, die mit kriegstraumatisierten Menschen arbeiten, um neue hilfreiche Arbeitsansätze zu schaffen und besseren Beitrag in der Kriegstraumatherapie zu erreichen.

DANKSAGUNG

Vor allem gehört mein Dank meinem ersten Gutachter und Lehrer, Andreas Bochmann, Ph.D, ohne dessen Unterstützung dieses für mich sehr wertvolle Studium nicht möglich gewesen wäre.

Mein herzlicher Dank für diese Arbeit gehört auch meinem Gutachter und Supervisor Prof. Dr. phil. Thomas Steininger, dem Dipl.-Psych. Wolfgang Schwabe und meiner Supervisorin, Dipl. Sozialpädagogin, Dagmar Jansen (MA. Counseling), für die gedankliche Unterstützung und Begleitung.

Besonders großer Dank gebührt meiner Ehefrau, die mich während meines Studiums die ganze Zeit lang unterstützt hat.

ABSTRAKT

Deutsch: Diese Forschungsarbeit befasst sich mit einer ganz neuen Kombination der Positiven Psychologie, der Kriegstrauma-Therapie und der christlichen Seelsorge in der Behandlung von Posttraumatischen Belastungen. Da die Kriegstraumabelastung sowohl die Zivilisten als auch die Soldaten aus den kriegsbetroffenen Gebieten betrifft, befasst sich die Arbeit mit beiden Gruppen. Dazu zählen auch deutsche Bürger, die aus dem 2. Weltkrieg traumatisiert sind. Das Ziel ist, die Werte und Methoden der Positiven Psychologie in die Seelsorge der kriegstraumatisierten Menschen zu integrieren.

Schlüsselwörter: Trauma, Kriegstrauma, Posttraumatische Belastungsstörungen (PTBS), Resilienz, Positive Psychologie, Erholung und Wachstum, Spiritualität, Seelsorge.

ABSTRACT

English: This research deals with a completely new combination of positive psychology, war trauma therapy and Christian pastoral care in the treatment of post-traumatic stress. Since war trauma stress affects both civilians and soldiers coming from the war affected areas, this work is devoted to both those groups. These include also German citizens who are traumatized from the 2nd world war. The goal of this research is to integrate the values and methods of positive psychology with pastoral care of war traumatized people.

Key words: trauma, war trauma, posttraumatic stress disorder, resilience, positive psychology, recovery and growth, spirituality, pastoral care.

INHALTSVERZEICHNIS

ii

1. EINFÜHRUNG

Etwa 80 Prozent der Menschen durchleiden mindestens ein traumatisches Ereignis in ihrer Lebenszeit, jedoch ohne dauerhafte Folgen (Michels Kliniken, 2008). In der westlichen Bevölkerung leiden dennoch 10 % der Menschen, bestenfalls einmal im Leben unter einer traumabedingten psychischen Störung (Michels Kliniken, 2008; Jossen, 2007). Besonders starke traumatische Spuren hinterlässt die Kriegserfahrung nicht nur bei der Kriegsgeneration, sondern auch bei ihrem Nachwuchs (Ermann, 2003). Obwohl der Krieg schon fast 62 Jahre vorbei ist,

> „…sind die Spuren des Zweiten Weltkriegs in unserem Lande noch nicht verblasst […], es ist immer noch Nachkriegszeit. Noch immer bestimmt die Auseinandersetzung mit dem Nationalismus, dem Zweiten Weltkrieg und den Folgen unseres politischen, gesellschaftlichen und kulturellen Lebens" (Ermann, 2003).

Kriege werden offenbar weiter geführt. Die Anzeichen dafür sind nicht nur durch zahlreiche Menschenopfer sichtbar, sondern auch durch das Leben der Überlebenden. Der Teufelskreis endet nicht bei Kriegsende. Die Traumatisierung trifft nicht allein die Betroffenen, sondern indirekt auch ihre Kinder und manchmal auch ihre Enkelkinder. Ein Kriegstrauma bringt lebenslange Folgen mit sich. Mit diesem Thema beschäftigt sich diese Forschungsarbeit unter Beachtung der im folgenden Kapitel genannten Forschungsanliegen.

1.1. Klärung des Forschungsanliegens

Der Bedarf an der Auseinandersetzung mit dem Thema der Kriegstraumata wächst – Wir leben in einer Welt voller Anspannung, Veränderungen und einschneidender Krisenerlebnisse. Diese betreffen nicht nur die Finanz- und die Politikwelt, sondern vielmehr das Leben eines jeden Einzelnen durch:

> "…war, natural disasters, accidents, fires and interpersonal violence (for example, sexual violence). Individuals, families or entire communities may be affected. People may lose their homes or loved ones, be separated from family and community, or may witness violence, destruction or death" (World Health Organization, 2011, S. 2).

Die seelische Traumatisierung und Beschädigung danach ist in vielen Fällen enorm und verheerend, so dass die ganze Weltanschauung und Lebenseinstellung eines Einzelnen komplett verändert wird. Die Wertvorstellung, Selbstwertschätzung und Lebensgrundeinstellung werden sehr oft stark angeschlagen. Besonders in Fällen der Erfahrung von Gewalt und Tod geliebter Personen ist das Leid einerseits sehr tief, andererseits sind Wut und Hass gegenüber den Tätern so stark, dass diese negativen Gefühle und Gedanken eine Person komplett verändern können.[1] Nicht nur persönlicher Schaden entsteht daraus, nicht selten wird auch der Umgang solcher

---

[1] Eine gemeinsame Zusammenfassung aus mehreren Gesprächen mit kriegstraumatisierten Menschen war: „Wer aus dem Krieg kommt, ist eine ganz andere Person".

traumatisierter Personen mit ihrer Lebensumwelt negativ und in manchen Fällen destruktiv. Die Folgen dessen spüren dann alle Menschen, die in der Umgebung der Betroffenen stehen. Wenn viele Menschen davon betroffen sind, ist auch die ganze Gesellschaft davon beeinflusst. Daher ist die Effizienz der Beratung wichtig, um durch qualitative Therapieansätze immer schwierigere, in Erscheinung tretende seelische Belastungen zu bändigen.

In der Praxis gibt es neue ressourcenorientierte Ansätze. Die standardisierte Heilungsorientierung in der klinischen Psychotherapie und der Beratung, die sich mit unangenehmen Symptomen beschäftigt (Joseph & Linley, 2008), reicht nicht mehr aus, um eine konstruktive Widerstandskraft der Ratsuchenden zu erreichen, die mit ständig neuen Lebensherausforderungen zurechtkommen müssen. Es ist von herausragender Bedeutung, notwendige Lebensstrategien zu erlernen, um ständige Lebensänderungen besser meistern zu können und auch die Lebensqualität dauerhaft zu maximieren.

Die Positive Psychologie, eine neue ressourcenorientierte Psychologiedisziplin seit dem 21. August 1999 (Joseph & Linley, 2008), befasst sich nicht hauptsächlich mit Kränkungen und negativen psychischen Zuständen, wie in der langetablierten und standardisierten klinischen Psychotherapie, sondern vielmehr mit positiven Fähigkeiten und Lebensqualitäten – Resilienz, Glück, Freude, Hoffnung, Zufriedenheit. Dadurch wird eine Entwicklung der positiven Verhältnisse, Grundeinstellungen, Strukturen und Lebenswerte ermöglicht, um das Leben zu verbessern (Joseph & Linley,

2008). Die Forschungen der Positiven Psychologie im Bereich der posttraumatischen Störungen in den letzten Jahren (Linley & Joseph, 2004b; Seligman & Csikszentmihalyi, 2000, Snyder & Lopez, 2002, zitiert in Joseph & Linley, 2008) sind ein weiterer Beitrag zur Kriegstrauma-Therapie. Nach ausgiebiger Forschung erscheint mir, als Seelsorger, der Ansatz der Positiven Psychologie, zusammen mit anderen lösungs- und ressourcenorientierten psychotherapeutischen und Beratungsmethoden, als sehr hilfreich und bereichernd. Diese positiven Ansätze sind auch den christlichen Werten der Seelsorge nicht fremd, welche insbesondere in schwierigen Lebensphasen nötig sind. Daher ist es in diesem Kontext sinnvoll, Antworten auf die folgenden Fragen zu finden:

• Was hat sich in der Praxis der Psychotherapie und der Seelsorge bewährt, das Menschen mit derartig gravierenden Erfahrungen geholfen hat, um sich nicht nur davon zu befreien, sondern vielmehr etwas Positives zu entwickeln, zu wachsen und dadurch sogar noch reifer zu werden?

• Was hat solche Menschen vor Introjekten geschützt, um nicht von Opfern zu Tätern zu werden?

• Was hat ihnen in der therapeutischen Praxis geholfen, positive Werte der Menschlichkeit, Würde, Liebe und Hoffnung zu gewinnen und damit die Qualität ihres Lebens deutlich zu verbessern?

• Wie „empowert" (befähigt) man BeraterInnen[2] und SeelsorgerInnen, um dieser Menschengruppe gezielt und effektiv besser helfen zu können?

Dies sind nur einige Fragen, mit denen sich diese Studie direkt und indirekt befasst.

Diese Forschungsarbeit wird unter zwei Gesichtspunkten beleuchtet, die ich für diese Problematik als geeignet und sehr wichtig erachte:

- zum einen aus dem Standpunkt der Positiven Psychologie und

- zum anderen aus der Sichtweise der christlichen Seelsorge.

Hierbei wird insbesondere folgenden Fragen nachgegangen:

- Wieweit sind diese Ansätze miteinander kompatibel und wie sind sie zu unterscheiden?

- Wie kann man beide effektiv in der Kriegstrauma-Therapie, in der Kriegstrauma-Beratung und -Seelsorge solcher Menschen anwenden und miteinander integrieren?

- Bei allen Versuchen, solchen traumatisierten Menschen zu helfen, ist es wichtig, auch ihr Umfeld einzubeziehen.

Obwohl sich jede Studie konsequent an ihre Logik und Disziplin hält, ist dieses Werk übergreifend, umfasst sowohl therapeutische, beraterische als auch seelsorgerische Aspekte. Das wichtigste Ziel dieser Studie wird erst dadurch ersichtlich werden. Deswegen ist dieses Buch allen drei Gruppen der Sozialexperten gewidmet.

Fortsetzung von der vorigen Seite

---

[2] Verwendung der geschlechtsgerechten Sprache ist die Tendenz in dieser Arbeit.

1.2. Thematisierung des Kriegstraumas

Kriegstrauma – ein altes, aber hoch aktuelles Problem. Eine durchaus problematische Belastung für viele Menschen heute in Deutschland, Europa und weltweit ist das Kriegstrauma. Davon sind auch hier in Deutschland viele ältere Generationen betroffen (Gestrich, 2005). Obwohl der Zweite Weltkrieg schon vor langer Zeit zu Ende war, sind seine langfristigen Folgen noch immer tief in vielen Seelen verankert – nicht nur in den Generationen, die vor und während des Krieges geboren sind, sondern auch bei ihren Kindern und sogar den Enkelkindern (Gestrich, 2005; Ermann, 2003). Somit prägt es auch die ganze Gesellschaft. Folgende Daten demonstrieren diese Realität:

Von Kriegskindern aus dem Zweiten Weltkrieg in Deutschland haben 200.000 beide Eltern verloren, 2,5 Millionen einen Elternteil, und mehr als ein Drittel haben Flucht und Vertreibung erlebt (Gestrich, 2005).[3] Das sind heute 60-75 jährige Deutsche, unter denen nur 30 % nicht vom Kriegstrauma betroffen sind, 30 % mittel geschädigt und 40 % schwer geschädigt sind (Gestrich, 2005). Die Folgen solcher Traumatisierungen sind oft wiederholt und chronisch:

„Krankheiten, Behinderungen, Verletzungen, Verstümmelungen und Mangelernährung. Psychische Folgen sind Unruhe und Nervosität, emotionale Labilität, Kontaktangst, Depressivität, spezifische Ängste und

---

[3] Alle Angaben wurden ursprünglich auf dem Kongress „Die Generation der Kriegskinder und ihre Ortschaft für Europa" in Frankfurt am Main am 14.04.2005-16.04.2005 erwähnt.

Belastungsstörungen (insbesondere die posttraumatische Belastungsstörung). In sozialen Bereichen weisen die Kinder ein ausgeprägtes unangepasstes Sozialverhalten, stärkere Aggressivität, ein verzerrtes Moralverständnis und eine kognitive Anpassung an ihre gewalttätige, bedrohliche Umwelt auf" (Albrecht, 2001, S. 2).

Eine Traumatisierung betrifft nicht nur die Zeitzeugen, sie wird weiter auf ihre Kinder und Verwandte durch die sogenannte sekundäre Traumatisierung übertragen (Gestrich, 2005). Das Tragische ist, dass nicht selten eine Übertragung der „ethischen" Werte vom Täter auf das Opfer (Introjekt) stattfindet, die selbst wiederum zu neuen Täter werden – sogenannte »Täterintrojekte« (Michels Kliniken, 2008). Dadurch entsteht ein Teufelskreis.

Das ist nicht nur eine vergangene Realität. In der Psychotherapie und der Beratung treten in den letzten Jahrzehnten viele Flüchtlinge und Einwanderer in Erscheinung, mit einem Kriegstrauma aus verschiedenen, vom Krieg betroffenen Weltgebieten (Lanfranchi, 2004), wo einst Bürgerkriege geherrscht haben. Erwähnt seien beispielhaft folgende Gebiete: Ex-Jugoslawien, Irak, Afghanistan und Afrika. Ferner suchen immer mehr deutsche Bundeswehrsoldaten Rat und Hilfe, die nach der Rückkehr aus dem Kriegsfeld mit schweren physischen und geistigen Belastungen kämpfen, u.a. mit schwerer Posttraumatischer Belastungsstörung (PTSB) (Bundes Psychotherapeuten Kammer, 2012; Naumann, 2009; Joseph & Linley, 2008; Jossen, 2007), die nicht selten durch eine Vielzahl von anderen psychischen Störungen begleitet wird (Michels Kliniken,

2008). Ihre besonderen Bedürfnisse und Probleme erfordern eine besondere Behandlung. Darüber hinaus leiden viele Menschen aus der ehemaligen DDR, die nach dem Zweiten Weltkrieg kriegsähnliche Traumata in einem totalitäreren Regime erlebt haben, an psychischen Folgen (Bundeszentrale für politische Bildung, 2003). Wenn man dazu die Folgen der Kriminalität betrachtet, die dem Kriegstrauma sehr oft ähnlich sind (IRP-HSG, 2012), ist der Bedarf nach effektiven Beratungs-, Therapie- und Seelsorgeansätzen stets aktuell.

Im Zusammenhang mit der Kriegstrauma-Therapie und der Positiven Psychologie werden in dieser Arbeit folgende Fragen behandelt:

- Wie kann man mithilfe der Positiven Psychologie kriegstraumatisierten Menschen helfen, in ihrem Leben neue positive Lebensqualitäten zu entwickeln?
- Welche Ansätze sind in solchen Fällen optimal anwendbar?
- Inwieweit hat sich die Positive Psychologie in der Kriegstrauma-Therapie bewährt?

Im Kontext des Vergleichs der Positiven Psychologie mit anderen Ansätzen kommen zusätzliche Fragen auf:

- Inwiefern sind die Ansätze und Prämissen der Positiven Psychologie schon in anderen ressourcenorientierten Beratungsansätzen und -methoden vorhanden?
- Welchen Beitrag bringt die Positive Psychologie zu den anderen modernen Beratungsansätzen in der Kriegstrauma-Therapie?

Als christlichen Seelsorger beschäftigen mich außerdem die folgenden Fragen:

- Inwiefern ist, nach dem zeitgenössischen wissenschaftlichen Standpunkt, die Positive Psychologie mit dem christlichen Glauben und der christlichen Seelsorge vereinbar?

- Wie kann christliche Seelsorge den Trauma-Opfern eine vernünftige Erklärung für die ihnen zugefügte Ungerechtigkeit geben?

- Wie können christliche Werte zusammen mit der Positiven Psychologie kriegstraumatisierten Menschen ihre Würde und ihren Lebenssinn zurückbringen?

- Wie kann man die Lebensqualität mithilfe der positiven Psychologie und der christlichen Seelsorge bereichern und verbessern?

Das Ziel dieser Studie ist, sowohl den PsychotherapeutInnen, BeraterInnen und SeelsorgerInnen in ihrer Arbeit, als auch den traumatisierten Menschen einen brauchbaren Beitrag und neue Behandlungsmaximen zu geben. Um das zu schaffen, braucht diese Studie weitere Vertiefung.

1.3. Persönliche Interessen für die Themenauswahl

Allein durch die Abstammung aus einem Land, das jahrzehntelang von einer Reihe von Bürgerkriegen betroffen war, ist es mir aus der eigenen Erfahrung bekannt, wie ein Krieg aussieht und welche Folgen daraus entstehen.

Bürgerkriege in Slowenien, Kroatien, Bosnien und Herzegowina konnten fast ein Jahrzehnt lang jeden Tag live im Fernsehen gesehen werden. Schließlich kamen Luftangriffe in Serbien, Kosovo und Montenegro hinzu, die tiefe Spuren in unserem Gedächtnis und in unseren Seelen sowie in der Familie hinterlassen haben. Flucht vor Bomben, Alarmsirenen, die lauter waren als die Bomben selbst und sehr oft die Suche nach einem sicheren Zufluchtsort waren unserer Tagesordnung während des letzten Krieges in Serbien und Montenegro. Während der Nacht-Bombardements mussten wir unsere Kinder immer in einem „sicherem Raum" verstecken, um sie vor eventuellen Bombensplittern zu schützen. Auch das Fahren durch zerstörte Felder und Städte waren so überwältigende Erlebnisse, dass wir diese Szenen der Verwüstung und Zerstörung nur fassungslos und manchmal auch weinend betrachten konnten. Unsere Kinder haben starke Ängste und Schrecken bei Luftangriffen erleben müssen, was bei ihnen eine tiefe Traumatisierung, die auch mehrere Jahre nach dem Krieg andauerte, hinterlassen hat. Auch hier in Deutschland haben sie fast immer geweint, wenn sie Feuerwerk oder Flugzeuge gehört haben. Gesundheitliche Beeinträchtigungen bei unseren Kindern und darauf folgende langjährige Untersuchungen waren eine zusätzliche Belastung und Kriegsfolgen.

Dadurch kann ich als Seelsorger und Berater vom Krieg betroffene Menschen verstehen und mich in ihre Situation hineinversetzen. Schließlich ist das Einfühlungsvermögen eine Aufgabe, die jeder Mensch und

Christ erreichen kann, worüber Apostel Paulus aus eigener Erfahrung geschrieben hat:

> 2. Korinther [1.3] „Gelobt sei Gott, der Vater unseres Herrn Jesus Christus, der Vater der Barmherzigkeit und Gott allen Trostes, [1.4] der uns tröstet in aller unserer Trübsal, damit wir auch trösten können, die in allerlei Trübsal sind, mit dem Trost, mit dem wir selber getröstet werden von Gott" (Luther-Bibel, 1996).

In der Seelsorge kommen viele Menschen, besonders in solchen schwierigen Situationen des Leidens, an die Grenzen des Verstehens, vor allem wenn es um die Frage geht: *„ Warum hat ein liebevoller himmlischer Vater das alles zugelassen? Warum so viel Leid und Ungerechtigkeit, wenn er allmächtig ist? "*

Doch statt nur zu fragen, sind praktische Antworten und Lösungen sind gefragt. Konkrete therapeutische Maßnahmen für die Betroffenen, auch mit Hilfe ihrer Angehörigen, sind notwendig. Einerseits kann die Psychologie helfen, um wissenschaftlich positive Inhalte der Seelsorge zu beleuchten. Hierbei helfen uns psychologische Modelle, die Grenzen der Seelsorge zu überbrücken und zu erweitern. Andererseits kann der Glaube einen höheren Lebenssinn und Hoffnung geben, was das Grundbedürfnis jedes Menschen ist. Deswegen ist eine Kombination von beiden Ansätzen bereichernd.

Diese Forschungsarbeit ist eine Literaturarbeit, weil die Forschungen in der Positiven Psychologie noch immer im Entwicklungsprozess sind. Eine Kombination der Positiven Psychologie mit der christlichen Seelsorge ist noch seltener –

eigentlich bislang so noch nicht entwickelt worden. Deswegen ist dieses Werk eine Pionierarbeit im Gebiet der Konzeptintegration der beiden Ansätze in der Traumatherapie.

2. ERKLÄRUNG DER VERWENDETEN BEGRIFFE UND DEFINITIONEN

In der Traumatherapie werden manche Begriffe in der professionellen Terminologie standardmäßig gebraucht. Dennoch werden in der Positiven Psychologie manche Begriffe ganz anders verstanden und gedeutet. Dieser Unterschied wird in den folgenden Kapiteln deutlich. Parallel dazu wird auch die christliche Auffassung im Kontext des Traumas dargestellt.

2.1. Trauma

Der Hauptbegriff und die Hauptproblematik, mit denen sich diese Forschungsarbeit beschäftigt, ist das Trauma. Das Wort kommt vom griechischen „*to trauma*" und bedeutet „Wunde" (Bauer, 1971, S. 1631) oder „Verletzung".

„Das Fachgebiet der Psychotraumatologie befasst sich mit der Entstehung, der Erfassung, dem Verlauf und der Behandlung von seelischen Verletzungen, die in der Folge extrem belastender und/oder lebensbedrohlicher Ereignisse auftreten (Landlot, 2004)" (Landlot & Hensel, 2008, S. 14).

Klessmann definiert den Begriff Trauma in seinem Werk „Seelsorge" folgenderweise:

„Ein traumatisches Ereignis bezeichnet ein belastendes Ereignis oder eine **Situation außergewöhnlicher Bedrohung** oder katastrophalen Ausmaßes (kurz oder lang haltend), die bei fast jedem eine tiefe Verzweiflung hervorrufen würde. Entscheidend für das Ausmaß der

Traumatisierung ist die Diskrepanz zwischen erlebter Bedrohung und verfügbaren Bewältigungsressourcen. Insofern kann man Traumatisierung nicht objektiv messen, sie hängt von der subjektiven Wahrnehmung oder Bewertung ab." (Klessmann, 2008, S. 294).

Eine andere Definition beschreibt Trauma als:

„Objektives, plötzliches, kurz oder lang anhaltendes oder wiederkehrendes, existenziell bedrohliches und ausweglosies Ereignis außerhalb der normalen menschlichen Erfahrungsnorm, das das subjektive Erleben von absoluter Hilflosigkeit, Ohnmacht, intensive Furcht und Entsetzen auslöst.

In der Definition von Trauma wird heute das Erleben von intensiver Furcht und Entsetzen, absoluter Hilflosigkeit und Ohnmacht explizit angeführt" (Zahlner, 2008, S. 1).

Obwohl jedes unangenehme Erlebnis individuell als Trauma begriffen werden kann, müssen folgende Symptome für eine Traumatisierung erfüllt werden:

„Wiederkehrende, plötzliche Erinnerungen an das Ereignis in Albträumen oder sog. Flash-backs, die, wie der Begriff sagt, die Person überfluten, so dass sie sich nicht davon abgrenzen kann; auch im Erzählen des Ereignisses kann eine solche Überflutung und damit eine Art von Retraumatisierung stattfinden – die Erzählung sollte dann unbedingt unterbrochen werden" (Klessmann, 2008, S. 294f).

Von allen Menschen die ein oder mehrere traumatische Ereignisse erlebt haben, wird nur ein Teil traumatisiert und erkrankt. Nicht alle Menschen, die eine Kriegserfahrung haben, werden davon schwer psychisch und gesundheitlich betroffen. Die Mehrzahl von ihnen lebt eine längere Zeit ein ganz normales Leben. Was verursacht also eine posttraumatische Belastung bei dieser Minderheit, die es nicht schafft, wie die anderen damit zurechtzukommen?

„Die Merkmale der traumatischen Situationen bestimmen das Erkrankungsrisiko erheblich. Besonders die Faktoren Lebensalter bei Beginn der Traumatisierung, Dauer der Exposition, interpersonelle Gewalterfahrungen im Gegensatz zu Katastrophen und Schicksalsschlägen, die Art der Beziehung zum Täter sowie die resultierenden körperlichen Schäden sind von entscheidender Bedeutung" (Michels Kliniken, 2008, S. 4).

Um unangenehme Erinnerungen zu vermeiden, entwickelt sich eine **Vermeidungsstrategie** des Verhaltens und ein allgemeiner emotionaler **Taubheitszustand** (Gehring, 2010; Michels Kliniken, 2008). Dazu kommt auch eine anhaltende physiologische **Überregung** (Gehring, 2010; Michels Kliniken, 2008).

Traumastörungen sind insgesamt sehr komplex. Es existieren verschiedene Ursachen und Arten dafür.

2.1.1. Typologische Klassifizierung des Traumas

Traumata können nach mehreren Typologien klassifiziert werden. Beispielsweise **nach der Ursache**:

Typ-1 [**Monotrauma** (Seidler, Freyberger, & Maercker, 2011, S. 180)]

- „[…] menschlich verursacht, kurzfristig

- z.B. Verkehrsunfälle, kurzdauernde Katastrophen (Wirbelsturm, Brand)
  - sexuelle Übergriffe
  - kriminelle, körperliche Gewalt
  - ziviles Gewalterleben (Banküberfälle)" (Gehring, 2010, S. 5).

Typ-2 [„wiederholte Traumatisierung im Rahmen eines nahen Beziehungsgefüges" (Seidler, Freyberger, & Maercker, 2011, S. 180)]

- „langfristig
- z.B. langdauernde Naturkatastrophen (Erdbeben, Überschwemmung)
- sex./körperliche Gewalt in der Kindheit
- Kriegserleben
- Geiselhaft, Folter
- politische Inhaftierung" (Gehring, 2010, S. 6)

Es besteht auch eine Klassifizierung **nach Dauer und Umfang**:

„Neben Einmaltrauma, Mehrfachtrauma und komplexer Traumatisierung werden auch andere Kategorisierungen vorgenommen:

Kumulatives Trauma (sequentielle Traumatisierung): Folge einer Reihe von traumatisierenden Erfahrungen, die zum Zusammenbruch der psychischen Struktur führen;

Kindheitstraumata / Erwachsenentraumata: Diese Kategorisierung ist dringend erforderlich. Die erst in jüngerer Zeit konzeptualisierte „entwicklungsbezogene Traumafolgestörung" stellt eine neue Diagnosekategorie dar und wird in der nächsten Zeit in den ICD 10 und DSM IV aufgenommen werden" (Zahlner, 2008, S. 1).

„**Individuelle vs. kollektive Traumata**: [...] Einen brauchbaren Ansatz dafür stellt die „Social Trauma Therapy" von Angwyn St. Just dar; diese Methode integriert die Möglichkeiten, die sich aus der Kombination der systemischen Sichtweise mit somatischer Trauma-Arbeit ergeben, besonders was das Gebiet des sozialen/globalen Traumas anbelangt. Auch generationenübergreifende Traumatisierung ist ein Thema für die systemische Traumaarbeit.

Eine mögliche Kategorisierung ist auch die Beschreibung von so genannten ‚**big-T-traumata**', Erlebnissen existenzieller äußerer oder innerer Bedrohung durch Gewalteinwirkung, auch Gewaltandrohung auf den Körper wie physische und sexuelle Misshandlungen, seelische Grausamkeit und schwere Vernachlässigung durch nahe, vertraute Menschen, noch dazu, wenn die Traumatisierungen sehr früh in der Kindheit beginnen, über lange Zeiträume wiederholt auftreten, nie an- oder ausgesprochen werden konnten/durften und niemals Schutz und Trost erfahren wurde. Weiterhin gehören andere kriminelle Angriffe auf den Körper, das Leben und die emotionale oder soziale Existenz, Terror- und Foltererlebnisse in kriegerischen, politischen und kriminellen Zusammenhängen, Natur- und Verkehrskatastrophen, Unfälle, schwere Erkrankungen, plötzliche Verluste vertrauter Menschen dazu.

Als ‚**small-t-Traumata**' werden auch scheinbar weniger katastrophische Ereignisse bezeichnet, die mit Schreck und Angst in Verbindung mit einem hohen Maß an bestürzender Beschämung, Peinlichkeit, tiefer Verunsicherung, vermeintlicher oder real hervorgerufener Schuld einhergehen und mit der gleichen Unausweichlichkeit wie die großen Traumata den Betroffenen widerfahren.

Die Ursachen von Traumata können nach Peter Levine auch in offensichtliche und subtile unterteilt werden. Peter Levine verwendet die Kategorisierung nach der jeweiligen Ursache des Traumas für die SE-spezifische Behandlung (Zahlner, 2008, S. 1).

Obwohl der Begriff „Trauma" und „traumatisierend" in der Alltagssprache oft unbedacht verwendet wird, sollte eine Unterscheidung zwischen „belastenden Lebensereignissen und traumatischen Erlebnissen" gemacht werden (Michels Kliniken, 2008, S. 4).

„Ein Ereignis oder eine Situation wird nur dann als „psychisches Trauma" bezeichnet, wenn von ihr eine außergewöhnliche Bedrohung ausgeht bzw. wenn sie ein katastrophenartiges Ausmaß erlangt und sie gleichzeitig von intensivem Furcht, Hilflosigkeitserleben oder Erschrecken begleitet wird. Traumatische Ereignisse bedrohen die körperliche oder psychische Unversehrtheit, das Leben" (Michels Kliniken, 2008, S. 4).

Wie bei allen psychischen Störungen und Erkrankungen besteht auch bei Traumata eine klare medizinische Diagnose.

2.1.2. Medizinische Klassifikation der Traumata

Nach ICD-10 ist Trauma als „Akute Belastungsstörung F 43.0" definiert. Gleichwohl sind sehr viele verschiedene komorbide (zusammentreffende) Störungsarten eingefasst:

„Die Posttraumatische Belastungsstörung ist eine spezifische Form einer Traumafolgestörung. Verwandte Störungsbilder sind:

Akute Belastungsreaktion ICD10: F 43.0

Anpassungsstörung ICD10: F 43.2

Andauernde Persönlichkeitsänderung nach Extrembelastung ICD10: F 62.0.

Die umfangreichen Folgen, einer durch Traumatisierung gestörten Persönlichkeitsentwicklung, werden aktuell unter den Begriffen „Komplexe Traumafolgestörung", „Developmental Trauma Disorder" oder „Komplexe Präsentation einer Posttraumatischen Belastungsstörung" diskutiert.

Weitere Traumafolgestörung[en] sind:

- Dissoziative Störungsbilder F 44
- Somatoforme Schmerzstörung F45.4
- Emotional Instabile Persönlichkeitsstörung (Borderline) F 60.3

Weitere Störungen, bei denen traumatische Belastungen maßgeblich mitzudenken sind:

- Dissoziale Persönlichkeitsstörung F 60.2
- Essstörungen F 50
- Affektive Störungen F 32, 33, 34
- Substanzabhängigkeit F 1
- Somatoforme Störungen F 45" (AWMF – Fachgesellschaften, 2011, S. 2).

Nach der Klassifikation des Diagnostic and Statistical Manual of Mental Disorders (DSM-IV) lautet die Definition etwas differenzierter:

„Die aktuelle Definition eines Traumas gemäß DSM-IV-TR beinhaltet zwei Aspekte, die gleichzeitig erfüllt sein müssen (Sass et al., 2003): (1) Das betroffene[-n – DM]

Individuum erlebt oder beobachtet ein Ereignis, welches mit einer ernsthaften Bedrohung der körperlichen oder psychischen Integrität der eigenen Person oder anderer Personen einhergeht; (2) Die Reaktion des betroffenen Individuums beinhaltet intensive Furcht, Hilflosigkeit, Grauen, aufgelöstes oder agitiertes Verhalten" (Landolt & Hensel, 2008, S. 14).

Welche neurobiologischen Prozesse entstehen bei einem traumatischen Erlebnis, oder einer Erfahrung?

2.1.2.1. Psychische und körperliche Reaktionen auf eine Traumatisierung

In einer traumatisierenden Situation reagieren sowohl die Psyche (durch Angst vor der Bedrohung, Stress, Schock und manchmal Kollaps bis hin zur Todesangst), als auch der Körper (physischer Schmerz, Herzrasen usw.), was eine intensive körperliche **Erregung** verursacht (Zahlner, 2008). Wenn es keine Fluchtmöglichkeit gibt, erfahren die Betroffenen ein **Hilflosigkeitsgefühl** (Zahlner, 2008). Wenn in einer Gefahr das Kämpfen nicht gelingt, entsteht **Ohnmacht**, was zu einer inneren und äußerlichen **Erstarrung** führt (ebd.). Dadurch wird das Opfer hilflos dem Täter, bzw. der traumatisierenden Situation, **ausgeliefert und unterworfen** (ebd.). Durch einen psychischen Schock entsteht auch eine **Gedächtnisfragmentierung** (Dissoziation) (ebd.) [Hervorhebung DM].

Aufgrund einer emotionalen Überflutung ist eine produktive Verarbeitung der traumatischen Erlebnisse während der traumatischen Situation nicht möglich (Michels Kliniken,

2008). Psychische Prozesse werden in der Regel auf die Überlebensfunktion reduziert und dadurch wird die bewusste Wahrnehmung gleichermaßen selektiv reduziert, eingeschränkt, lückenhaft (Ereignisse, Personen, Zeit, Ort und Details werden verzehrt) und teilweise abgeschaltet, um das Belastungsempfinden zu verringern (Schmerzen und Angstreduktion) (Michels Kliniken, 2008). Viele Elemente aus den traumatischen Erlebnissen werden verzerrt und sogar das Selbstbild entfremdet (Michels Kliniken, 2008). Das Opfer wird unter einer extremen psychischen Belastung in einen Zustand emotionaler und psychischer Erstarrung versetzt (Freezing), wobei das neurobiologische Furcht–System der Psyche stark stimuliert wird; damit entsteht eine Angststruktur im zentralen Nervensystem (Michels Kliniken, 2008). Das kann auch körperliche Symptome verursachen:

> „Chronifizierte posttraumatische Belastungen können über die traumaassoziierte Stressaktivierung den Verlauf körperlicher Erkrankungen mitbedingen oder beeinflussen. Insbesondere ist dies belegt für Herz-Kreislauferkrankungen und immunologische Erkrankungen" (AWMF – Fachgesellschaften, 2011, S. 2).

Bei jeder traumatischen Situation reagiert die Psyche nur auf einem reduzierten Funktionsniveau, um die emotionale Überflutung überleben zu können (ebd.). Emotionen werden genauso verhindert:

> „Es kommt zur dauerhaften Steigerung der Amygdala- und Hypothalamus-Aktivitäten, die eine neurophysiologische Dysregulation auslösen. Bei Patienten mit Posttraumatischer Belastungsstörung findet sich ein

erhöhter Spiegel des Corticotropin-Releasing-Faktors (CRF) im Liquor cerebrospinalis und zugleich eine reduzierte Cortisol-Freisetzung nach Stimulation durch CRF. Die Stressregulation der Hypophysen-Nebennieren-Achse ist massiv gestört. Die Betroffenen erleben sich deshalb noch lange Zeit im Dauerstress und haben auch nach dem Ende der Traumatisierung nicht mehr die innere Sicherheit, dass die Bedrohung vorbei ist" (Michels Kliniken, 2008, S. 5).

Hieraus resultiert große Unsicherheit. Infolgedessen ist eine Unterstützung durch soziale Strukturen sehr wichtig, um Geborgenheit und Schutz wieder zurückzuerlangen (Michels Kliniken, 2008). Erst durch positive Erfahrungen und Gefühle (Verständnis, Versorgung und körperliche Nähe) kann die psychische Erstarrung aufgelöst werden (Michels Kliniken, 2008). Deswegen ist es sehr wichtig, auch die Angehörigen der Ratsuchenden einzubeziehen, weil sie eigentlich die Hauptrolle in der Unterstützung und Anpassung an die neuen Lebensumstände und Situation spielen.

Nicht selten treten nach der Auflösung der emotionalen Anspannung intensive Gefühlsausbrüche, traumatische Erinnerungen – Flash-Backs – und Albträume in Erscheinung (Michels Kliniken, 2008). Darüber sollen auch die Angehörigen informiert werden, damit sie keine falschen Reaktionen zeigen und damit eine ohnehin schon schwierige Lage weiter erschweren. In der Therapie, Beratung oder Seelsorge ist es sehr wichtig, den Betroffenen und Zugehörigen zu helfen, solche Reaktionen als „normal" zu akzeptieren (ebd.). Bei der mangelnden sozialen Unterstützung und den zur Verfügung stehenden Hilfsmöglichkeiten kann durch eine negative Bewertung der auftretenden Symptome die

Traumaverarbeitung erschwert, oder sogar blockiert werden (ebd.).

Zur Unterscheidung der normalen von den pathologischen Reaktionen, und um die Entstehung der verschiedenen posttraumatischen Reaktionen und von pathologischen Zuständen zu verdeutlichen, eignet sich die

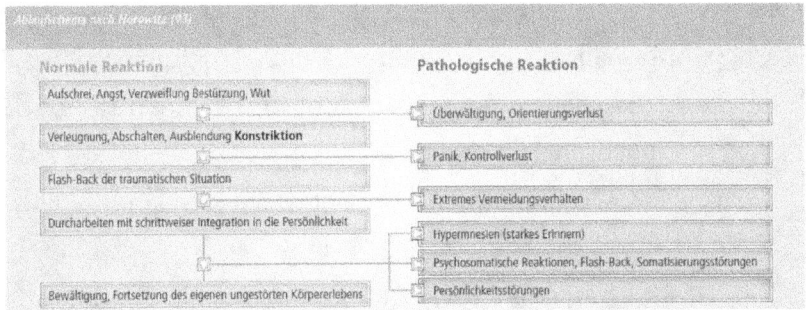

Abbildung 1: Normale und pathologische Reaktionen
Quelle: (Michels Kliniken, 2008, S. 5)

„Horowitz-Kaskade":

Die Vernetzung des ganzen Nervensystems mit allen Organen reflektiert psychische Änderungen auch auf den Körper – sehr oft in Form von somatoformen oder somatopsychischen Erkrankungen (Michels Kliniken, 2008). Solche Störungen können Symptome bei jedem Organ verursachen, überwiegend in Form von Schmerzen, Verdauungsstörungen, Hypersensibilität und Veränderungen auf der Haut, gynäkologischen Beschwerden usw. (ebd.). Die Hauptverbindung zwischen dem Körper und der Psyche ist das vegetative Nervensystem. Obwohl die Kommunikation im Körper über die Botenstoffe funktioniert, die eine kurze „Lebensdauer" haben, werden alle Empfindungen und Reize im Unterbewusstsein, vor allem im limbischen System, als körpereigene Erinnerung an die traumatischen Erlebnisse gespeichert (ebd.). Bereits nach nur einer traumatischen Erfahrung wird das körperliche Gedächtnis sehr ausgeprägt, was alle möglichen somatoformen Beschwerden verursachen kann (Michels Kliniken, 2008). Da die Wahrnehmung während der traumatischen Situation fragmentiert und selektiv ist, bleiben die brüchigen Körpergefühle im Gedächtnis ohne Kontextinformationen des Traumas (Michels Kliniken, 2008). Daher können wiederkehrende somatoforme Körperreaktionen schwer eingeordnet werden – sie werden sehr oft als Organschaden fehlinterpretiert (Michels Kliniken, 2008).

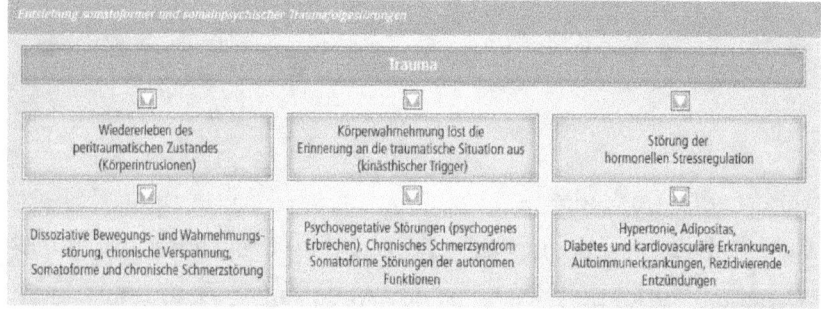

Abbildung 2: Somatoforme Traumafolgestörungen
Quelle: (Michels Kliniken, 2008, S. 10)

Deswegen ist es wichtig, im Gespräch mit Ratsuchenden den Kausalzusammenhang zwischen dem Trauma und den somatoformen Körperreaktionen zu klären (ebd.). Die folgende Tabelle kann dabei helfen:

2.1.3. Kriegstrauma

Wenngleich der Zweite Weltkrieg schon über 60 Jahre vergangen ist, sind seine Folgen noch immer existent – in unserer Gesellschaft, in der Politik, aber auch in vielen einzelnen Lebensbereichen (Gestrich, 2005; Ermann, 2003). Die »Kriegskinder« haben sich bemüht, begleitende Kriegsumstände mutig zu überleben und zu verkraften. Sie behaupten sehr oft: *„Wir haben keine Zeit für ein Trauma gehabt. Wir mussten da durch!"*[4] Das Wichtigste für sie war, alles gut zu überstehen. Generationen, die während des Krieges geboren wurden, gerieten schon sehr früh durch ihre Biographie und Lebensdestination, vor allem durch ihre Kindheit während des Krieges, auf ein Terrain des Schweigens und nach außen hin erscheinender Unbetroffenheit und Unbekümmertheit (Ermann, 2003). Erwiesen wurde das dadurch, dass in der Psychotherapie solcher Menschen, bei denen die Kindheit eine ausprägend große Rolle gespielt hat, kaum davon die Rede ist. Es gibt kaum „[...] nennenswerte Fachliteratur, die sich mit den Traumatisierungen und der Identitätsproblematik der Kriegskinder befasst, und die vorhandene wurde kaum rezipiert" (Ermann, 2003, S. 2). Erst in neuerer Zeit kommen vereinzelt Kriegskinder durch verschiedene Tagungen und durch Selbsterfahrungsaustausch zu Wort (Ermann, 2003). Sie haben lange geschwiegen und versucht, alles aus der Kriegszeit zu verdrängen (ebd.). Dieses Schweigen half dennoch nicht – die psychischen Folgen sind noch immer in ihren Träumen[5] und auch in Gestalt von psychischen Störungen sichtbar,[6] die bei vielen Kriegskindern

---

[4] Eine Zusammenfassung mehrerer Gespräche mit Menschen, die den Zweiten Weltkrieg und auch die Nachkriegszeit erlebt haben.

[5] „Viele träumen noch immer von Angriff, Fallen, Gewalt, Kampf, Flucht. Andere werden aus dem Schlaf gerissen mit einem uralten Gefühl, für das sie eine ganz persönliche Formel haben: ‚Die Russen kommen.'" (Ermann, 2003, S. 4).

[6] „Bei anderen herrschen Depression, geringe Zuversicht, Ängste, Somatisierung oder Konversion. Es sind zum Teil merkwürdige Symptome:

erst in den späten Lebensjahren zwischen 50 und sogar Mitte 60 auftreten, was zur Folge hat, dass sie erst in Verbindung mit schweren Krankheitssymptomen zur Psychotherapie kommen (Ermann, 2003).

Viele deutsche Soldaten, die jüngst aus den ehemaligen Kriegsgebieten zurückkehren, leiden auch unter dem Kriegstrauma und brauchen besondere Behandlung.

> „In den vergangenen Jahren hat sich die Zahl der wegen Belastungsstörungen behandelten Soldaten nach Angaben des Bundesverteidigungsministeriums (BMVg) vervielfacht. 477 Fälle von PTBS registrierte die Bundeswehr in den vergangenen drei Jahren – laut BMVg eine Quote von 0,77 Prozent. Die Soldaten wurden beim Einsatz in Bosnien, Kosovo und Afghanistan Opfer von Anschlägen, erlebten Verkehrs- und Minenunfälle, kamen in Geiselhaft oder waren anderen Formen von Gewalt ausgesetzt. Die Reaktionen darauf reichen von Schlafstörungen über Depressionen bis hin zu körperlichen Beschwerden. Allerdings entspricht die Zahl der behandelten Fälle nach Einschätzung des Bundeswehrverbandes nicht der tatsächlichen Anzahl der Betroffenen. Die Angst, sich vor Kameraden zu outen sei groß, sagte Verbandssprecher Wilfried Stolze. In Staaten wie Spanien, Frankreich oder Großbritannien liege die Traumatisiertenquote bei fünf Prozent" (Kramer & Birnbaum, 2009).[7]

Fortsetzung von der vorigen Seite

Kältegefühle oder wiederkehrendes Fieber, Erregungen und Unruhe oder plötzliche Panik, Erstarrung oder das Gefühl, wie außer sich zu sein" (Ermann, 2003, S. 4).

[7] Internetseite: http://www.tagesspiegel.de/politik/deutschland/behandlungszentrum-kriegstrauma-bilder-die-nicht-vergehen-wollen/1435212.html von 04.02.2009, besucht am 26.06.2012

Sie brauchen besondere Einrichtungen und Behandlungen, stehen demgemäß unter der Zuständigkeit der militärischen Einrichtungen in „[…] Bundeswehrkrankenhäusern in Hamburg, Berlin, Koblenz, Ulm und Westerstede und den 14 fachärztlichen Untersuchungsstellen für Psychiatrie […]" (Kramer & Birnbaum, 2009).

Zivile Therapie- und Beratungsstellen sind dementsprechend für die Soldaten der Bundeswehr nicht zuständig und sollten bestenfalls in eine spezielle Militäreinrichtung, die dafür spezialisiert ist, überwiesen werden.

2.1.4. Kriegserfahrungen

Das Kriegstrauma ist ein allumfassendes Trauma, das alle andere Trauma-Arten beinhalten und übersteigen kann, weshalb es die Betroffenen erfahrungsgemäß das ganze Leben lang begleitet, weshalb es auch nie vergessen werden kann. Die Hauptherausforderung sowohl der Betroffenen, als auch der Therapie, Beratung bzw. Seelsorge ist die Art und Weise zu erforschen, wie damit effektiv umzugehen ist. Die Betroffenen sind häufig in mehrfacher Hinsicht traumatisiert:

- durch die **Erfahrungen der Gewalt** – ca. 25 % der Menschen mit Kriegserfahrungen sind davon betroffen (Michels Kliniken, 2008),
- durch **Gefangenschaft** – nach einer Kriegsgefangenschaft kommt eine schwere Traumatisierung (PTBS) in ca. 50 % der Fällen (Michels Kliniken, 2008),

• durch **sexuelle Gewalt** – von allen traumatischen Erfahrungen hinterlässt sexuelle Vergewaltigung am häufigsten die posttraumatischen Belastungsstörungen – von 60 bis 80 % (Michels Kliniken, 2008),

• durch den **Verlust** von Familienangehörigen, Freunden und oft des ganzen Besitzes (Gestrich, 2005).

• Daraus entstehen auch verschiedene **andere psychische Störungen** – psychosomatische Störungen, Suchterkrankungen, dissoziative Störungen, Persönlichkeitsstörungen (Michels Kliniken, 2008).

• Nicht selten ist das begleitende, aber intensive **Furcht-, Erschrecken-** oder starke **Hilflosigkeitserleben** (ebd.).

In solchen Situationen leiden überwiegend Kinder, die oft zu Zeugen und Opfern der Gewalt werden mussten. Sie erleben brennende Städte, Verwundete, Leichen und müssen oft mehrere Tage und Nächte in überfüllten Kellern verbringen (Gestrich, 2005). Zusammen mit Erwachsenen erleben sie Vertreibung und Flucht, Hunger und Armut (Gestrich, 2005). Viele von ihnen verlieren einen oder beide Elternteile, oder auch ihre Geschwister (ebd.).

Symptome eines Kriegstraumas sind weitgehend:

„Akute Schockreaktionen, Depressionen und Suizide, Angst- und Suchterkrankungen, körperliche Erkrankungen, für die sich keine organischen Ursachen finden lassen, sowie chronische Erschöpfung und Schlafstörungen. Insbesondere nach Kampfeinsätzen, in denen Soldaten lebensgefährlich bedroht wurden oder Kameraden starben, kann es zu einer PTBS kommen. Das Erlebnis einer intensiven Furcht, Hilflosigkeit oder Entsetzen kann noch Monate später eine schwere psychische Erkrankung auslösen, bei der das traumatische Ereignis immer wieder unkontrolliert erlebt wird (z. B. Alpträume, Flashbacks). Das normale psychische Erleben ist dann stark gestört und erschwert es den Erkrankten erheblich, wieder ein normales Alltagsleben zu führen" (Bundes Psychotherapeuten Kammer, 2012).[8]

Die Folgen der Kriegstraumatisierung, ihre Komplexität, Intensität und Dauer begründen weiterhin das Bedürfnis nach effektiven Therapie-, Beratungs- und Seelsorgemethoden, mit denen solchen Menschen allumfassend zu helfen ist.

Eine weitere Herausforderung ist die der Einwanderung. Es kommt eine weitere moderne Problematik in Deutschland hinzu – wir leben in einer multikulturellen Gesellschaft, die im Zuge der Globalisierung zur Vermischung verschiedener Nationalitäten führt. Das bringt eine große Herausforderung mit sich. Viele Männer, Frauen und Kinder haben ihr Heimatland und ihr komplettes bisheriges Leben verloren (Jossen, 2007). Sie kommen nach Deutschland in der Hoffnung, ein komplett neues Leben beginnen zu können. Sehr oft haben sie alles verlassen, oder verloren, in vielen Fällen nicht nur in materieller Hinsicht, sondern auch ihre Familien- oder Verwandtschaftsangehörigen, ihre Ausbildung, ihren Job, ihre Karriere. (Jossen, 2007). Sie haben ihre Wurzeln, ihren kulturellen Hintergrund und ihre soziale Unterstützung verloren und kommen in eine ganz andere, für sie oft komplett fremde Welt (Jossen, 2007). Nicht selten sprechen sie kein

---

[8] Internetseite: http://www.bptk.de/aktuell/einzelseite/artikel/ptbs-risiko.html von 08.04.2012 besucht am 30.04.2012

Deutsch und leben fassungslos in einer hoch entwickelten und modernisierten Gesellschaft. Sie haben große Sprachhindernisse im Umgang mit Menschen im täglichen Alltag, beim Arzt, in der Umgebung, in der Schule, auf dem Arbeitsplatz, überall. Sehr oft haben sie keine richtige Arbeitsanstellung, keine in Deutschland anerkannte Ausbildung und dementsprechend keine gute Lebensperspektive.[9] Sie sind schon mit ihren Integrationsproblemen belastet und sehr oft zudem kriegstraumatisiert.

Bei der Traumatherapie ist eine Realität nicht zu übersehen: „MigrantInnen[10] haben höhere Symptomenbelastungen als einheimische Patienten" (David et al., 2002; Roth, 2007, zitiert in Jossen, 2007, S. 4); „Asylsuchende haben mehr Depression-, Angst- und PTSD-Symptome als andere Migranten" (Gerritsen et al., 2006, zitiert in Jossen, 2007, S. 4). Bei ihnen sind Werte insbesondere im Bereich der Somatisierung, Angst und der Depressivität sehr hoch (Jossen, 2007). Ihre posttraumatische Belastung wird überwiegend als Schmerz beklagt, als Rückgriff der Körpersprache (ebd.). Demzufolge wird die Hauptursache ihrer Symptomenbelastung erst viel später entdeckt (ebd.), ähnlich wie bei der Kriegsgeneration Deutschlands, die wegen der langen Verschwiegenheit allein mit den genannten Symptomen zu kämpfen versuchte (Gestrich, 2005). Sie erleben ihre Migration als Verlusterlebnis – Verlust ihres

---

[9] Diese Informationen habe ich durch die Seelsorge solcher Menschen gewonnen.

[10] Neue geschlechtsgerechte Form.

sozialen Status, Verlust von familiären Beziehungen, ihres materiellen Besitzes, Entwurzelung, Kulturschock und oft enttäuschte Erwartungen nach der Migration (Jossen, 2007). Dies sind einige der Gründe, warum eine Heilung von ihren posttraumatischen Belastungen kaum möglich ist (Jossen, 2007). Deswegen sind kriegstraumatisierte Einwanderer noch mehr belastet als einheimische Patienten (David et al., 2002; Roth, 2007, zitiert in Jossen, 2007, S. 4). Das alles führt dazu, dass die Arbeit mit dem Kriegstrauma eine sehr hohe Herausforderung in der Psychotherapie und Seelsorge ist.

Demgegenüber haben auch die einheimischen Bürger Probleme: mit solchen Menschen zu kommunizieren, mitzuarbeiten und ein erwünschtes Sozialklima zu schaffen. Wenn man dazu auch die Kriminalität zählt, die ebenfalls schwere Traumatisierung hinterlässt, ist die Problematik des Traumas hoch aktuell und verbreitet. Das ist eine Realität in unserer Gesellschaft, die nicht allmählich verschwindet, sondern durch verschiedene globale Krisen aus verschiedenen Gebieten in der Welt erwächst. In den Integrationsprozess der Einwanderer ist das noch nicht genug einbezogen worden. Deswegen ist es wichtig, nicht nur in dieser Forschungsarbeit, sondern allgemein in der Sozialarbeit und besonders in der Psychotherapie, Beratung und Seelsorge solcher Menschen folgende Fragen aufzuwerfen:

• Vor welchen Herausforderungen stehen diese Menschen? Welche Probleme müssen sie bewältigen?

• Wie kann man ihnen helfen, sich qualitativ in unserer Gesellschaft besser zu integrieren und als Teil dessen einen guten Beitrag zu leisten – mit einer guten

Ausbildung, guten sozialen Engagement, Kreativität und auch materiell durch einen ordentlich angestellten und gut bezahlten (dazu auch versteuerten) Job (Joseph & Linley, 2008)?

2.1.5. Posttraumatische Belastungsstörung (PTBS)

Die häufigste Störung der Traumafolgen und besonders der Kriegstraumafolgestörung ist die posttraumatische Belastungsstörung (PTBS), deren Symptome eine Traumaverarbeitung blockieren (Michels Kliniken, 2008). Daneben treten oft die anderen psychischen Probleme in Erscheinung, welche die Kriterien der PTBS übersteigen – komorbide (kombinierte) psychische Störungen.

Die Hauptsymptome der PTBS können in vier Gruppen gegliedert werden:

1. Intrusion – das innere Wiedererleben des Traumas. Durch eine starke emotionale Überregung während der traumatischen Situation entsteht eine fragmentierte Erinnerung und Wahrnehmung – **Fragmentierung**, die aus verschiedenen Bruchteilen neurobiologisch sehr stark codiert und intensiviert wird – **Hypermnesie**, wobei die Hintergrund- und Kontextinformationen in Vergessenheit – **Hypomnesie** – geraten (Michels Kliniken, 2008). Gelegentlich ergibt sich eine teilweise, oder vollständige Amnesie (Erinnerungsverslust von traumatischen Ereignissen), wobei die Angstgefühle sehr stark stimuliert werden können (Michels Kliniken, 2008). Es können auch unerwünschte Blitzerinnerungen an die traumatischen Ereignisse entstehen:

> „[...] als Bilder, Emotionen, Gedanken, Gerüche, Geräusche, Geschmack oder als Schmerzen bzw. Spannungen an verschiedenen Körperstellen. Diese Bruchstücke scheinen oft keinen Zusammenhang zu haben und treten häufig in wiederkehrenden Albträumen auf" (Michels Kliniken, 2008, S. 6).

Hinzu kommt auch das Schlafwandeln, Schlafkämpfen, Panikattacken und Alpträume (Clinton & Hawkins, 2011, S. 403).

2. Vermeidungsreaktion – weil die traumatischen Erinnerungen oft als quälend erlebt werden, entstehen negative Gefühle: Angst, Hilflosigkeitsgefühl, Wut, Schuldgefühl, Scham (Michels Kliniken, 2008). Demzufolge unternehmen die Betroffenen verschiedene Vermeidungsstrategien, um nicht an das Trauma denken zu müssen – sie vermeiden Situationen und Orte, welche die unangenehmen Erinnerungen verursachen können – dies bezeichnet man auch als „Sicherheitsverhalten" (ebd.). Nicht selten verursacht das einen Rückzug aus dem sozialen Umfeld und damit eine extrem misstrauische Betrachtung anderer Menschen (Michels Kliniken, 2008).

3. Konstriktion – Betäubungsreaktion. Um sich vor extremen emotionalen Zuständen (Traumatisierung) zu schützen, blockiert das neurobiologische Regulationssystem emotionale Impulse – wodurch eine Gefühlstaubheit (Anhedonie) entsteht und nicht selten auch eine Derealisation des Lebens und von sich selbst (Depersonalisation) (Michels

Kliniken, 2008; Clinton & Hawkins, 2011). Hinzu kommt auch Selbstablehnung, Traurigkeit, Leeregefühl und Depression (Clinton & Hawkins, 2011).

4. Überregung – körperliche Erregung. Fragmentierte Erinnerungen an die traumatischen Ereignisse werden oft von den unangenehmen Empfindungen sowie durch starke körperliche Reaktionen begleitet:

> „Herzrasen, Schwitzen, innere Unruhe, übermäßige Reizempfindlichkeit, und plötzliche Reaktionen des Magen-Darm-Traktes sind häufige Symptome. Viele Betroffene erleben eine geringe Stresstoleranz, plötzliche Wut und eine gesteigerte Reizbarkeit, was durch die fortdauernden Veränderungen der Stressregulation zu erklären ist. Schlafstörungen im Rahmen der posttraumatischen Belastungsstörung können außer durch Albträume auch aufgrund dieser Übererregung entstehen" (Michels Kliniken, 2008, S. 7).

Überdies lassen sich auch Wutausbrüche, gewaltbegründete Angst, übermäßige Vorsicht, leichtes Erschrecken und nächtliches Schwitzen manifestieren (Clinton & Hawkins, 2011).

Um diese Prozesse erfolgreich zu verarbeiten sind Schutz und Geborgenheit durch soziale Gruppen von großer Hilfe (ebd.). Erst dann können tief unterdrückte negative Gefühle ausbrechen (ebd.). Zum besseren Verständnis der Komplexität der Symptome können die PTBS-Folgen grafisch folgenderweise dargestellt werden (Abbildung 3):

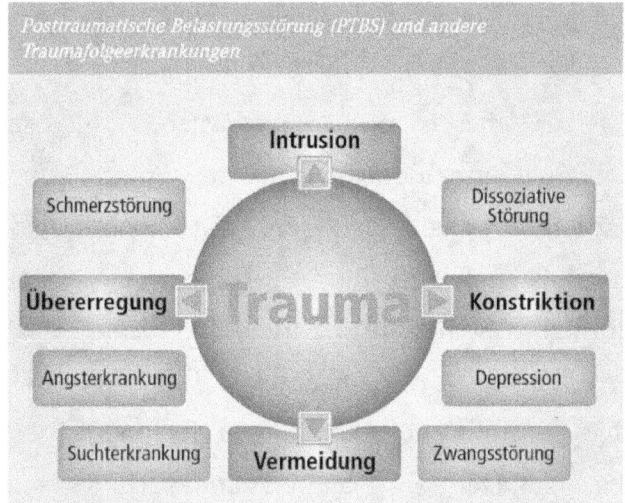

Abbildung 3: PTBS und andere Traumafolgeerkrankungen
Quelle: (Michels Kliniken, 2008, S. 7)

„Bei multiplen, lang andauernden oder lebensgeschichtlich frühen Traumatisierungen lassen sich komplexe pathologische Bilder darstellen. Häufige Traumafolgesymptome sind:

- Depressionen
- Anhaltende somatoforme Schmerzstörungen
- Dissoziative Symptome (Depersonalisation, Derealisation,
- pseudoneurologische oder -orthopädische Erkrankungen)
- Angsterkrankungen
- Suchterkrankungen
- Dysregulation der Affekte und Impulse
- Selbstbeschuldigung, permanente Selbstschädigung oder chronische Schamgefühle
- Unfähigkeit, tragfähige emotionale Beziehungen einzugehen

- Verlust vorheriger stabiler Werte und Überzeugungen" (Michels Kliniken, 2008, S. 7)

Aus diesen primären entstehen oft **sekundäre** namentlich **komorbide** traumatische Folgestörungen, z.B. **Agoraphobie** (Platzangst) als ein Sicherheitsverhalten, **Suchtmissbrauch** als Flucht vor der Überregung, oder **somatoforme Beschwerde**n als eine körperliche Wiedererinnerung der traumatischen Erlebnisse, die sehr oft als eine generalisierte Angststörung fehlinterpretiert werden können. Der Kausalzusammenhang zwischen traumatisierender Ursache und komorbiden Erkrankungen bzw. Störungen wird überwiegend erst durch eine Erfassung der ganzen Geschichte im Rahmen der Therapie, Beratung oder Seelsorge nachvollziehbar sein (Michels Kliniken, 2008). Es ist wichtig zu beachten, dass bei einigen Traumatisierten posttraumatische Belastungssymptome erst nach Jahren oder Jahrzehnten vorkommen können (Michels Kliniken, 2008). Die Betroffenen versuchen sich psychosozial unauffällig anzupassen, um das Trauma zu kompensieren, bzw. zu überwältigen (ebd.).

Der ganze Prozess der Traumatisierung mit verschiedenen Entwicklungswegen kann grafisch so dargestellt werden (folgende Abbildung 4):

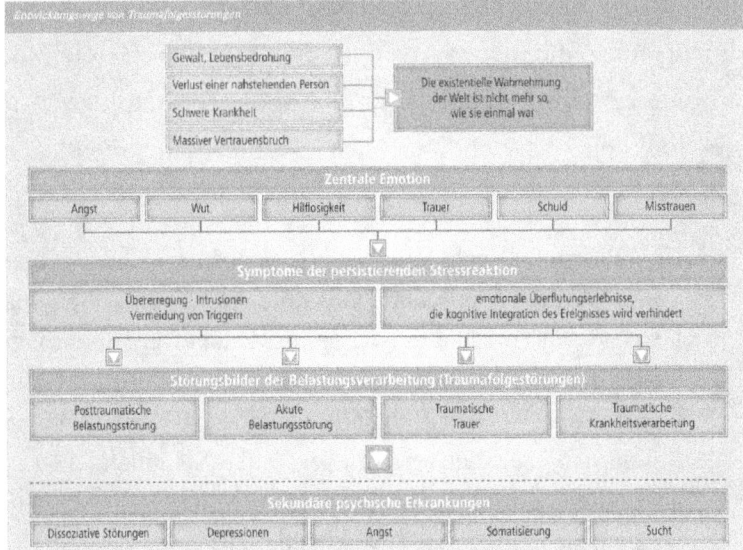

Abbildung 4: Entwicklung von Traumafolgestörungen,
Quelle: (Michels Kliniken, 2008, S. 8)

Die klinische Psychologie hat das Trauma sehr gut analysiert und definiert. Es gibt viele Therapiemethoden, die sich mit dem Trauma befassen. Dennoch ist in den letzten 14 Jahren ein neuer Zugang entstanden, nach dem Menschen nicht nur „heilbar" sind, sondern ihnen auch eine positive Lebenseinstellung ermöglicht werden kann, sowie neue Horizonte und Lebensqualität zu eröffnen. Dieser neue Ansatz innerhalb der Psychologie heißt »Positive Psychologie«.

2.2. Positive Psychologie

Der Begriff »Positive Psychologie« scheint in der Umgangssprache generell anwendbar zu sein, gleichbedeutend mit allgemeinen Aussagen, z.B.: „Man soll positiv denken, positiv handeln." Dennoch ist dieser Begriff weder allgemein, noch Teil des Konzeptes „Positives Denken", er bezieht sich vielmehr auf eine neue Art und einen neuen Bereich der Psychologie, die relativ jung als Terminologie im professionellen psychologischen und therapeutischen Bereichen ist.

> „Positive Psychologie ist die Selbstbezeichnung eines vom US-amerikanischen Psychologen Martin Seligman begründeten Forschungsprogramms. Dabei werden normativ positive Gegenstände der Psychologie wie Glück, Optimismus, Geborgenheit, Vertrauen, Verzeihen und Solidarität behandelt, welche laut Seligman in der anfänglich konflikt- und störungsorientierten Psychologie wenig beachtet wurden." (Wikipedia, 2011)

Seligman ist leitender Professor der Psychologie an der University of Pennsylvania und der Mitbegründer der neuen Richtung – der Positiven Psychologie. Ihre Forschungen beschäftigen sich mit folgenden Themen:

> „Ihre Vertreter und Vertreterinnen haben in den vergangenen Jahren interessante Studien vorgelegt, die zeigen, welche bedeutende Rolle positive Gefühle, Optimismus, Hoffnung, Dankbarkeit und Glück für unsere seelische Gesundheit spielen." (Fredrickson, 2011, S. 9).

2.2.1. Entstehung der Positiven Psychologie

Offizielle Einführung der Positiven Psychologie in die Amerikanische Psychologische Gesellschaft (American Psychological Association) wurde laut ihrer eigenen Quellen von Martin Seligman als ihrem neuen Präsident im Jahr 1998 durchgeführt. Die Entscheidung dafür traf er zusammen mit dem APA-Vorgänger, Ray Folwer und Mihaly Csikszentmihalyi am 01.01.1998 in Akumal, Mexico. Der Hauptgrund ihrer Entstehung war ein Mangel an der Entwicklung der klinischen (krankheitsbezogenen) Psychologie in der Richtung:

1) menschlicher Erfüllung und Lebenssinn und

2) der Unterstützungskräfte (Pezent, 2011).

Die Betonung der etablierten Psychologie lag auf den psychischen Krankheiten, negativen Seiten und Schwächen des Menschen. Einige Psychologen und Psychiater haben das schon früher entdeckt und sich mit menschlichen Grundbedürfnissen und Stärken beschäftigt. Einige von ihnen seien an dieser Stelle erwähnt:

> "Building on pioneering work by Rogers (1951), Maslow (1954, 1962), Jahoda (1958), Erikson (1963, 1982), Vaillant (1977), Deci and Ryan (1985), and Ryff and Singer (1996)—among many others – positive psychologists have enhanced our understanding of how, why, and under what conditions positive emotions, positive character, and the institutions that enable them flourish (e.g., Cameron, Dutton, & Quinn, 2003, Easterbrook, 2003, Gardner, Csikszentmihalyi, & Damon, 2001, Kahneman, Diener, & Schwarz, 1999, Murray, 2003, Vaillant, 2000)" (Seligman und Steen, 2005, S. 410).

Der Vorbote der positiven Psychologie ist die Humanistische Psychologie, insbesondere unter Carl Rogers und Abraham Maslow als den führenden Autoritäten (Seligman, 2007). Als ältere Werke zählen insbesondere die von William James, John Dewey, and G. Stanley Hall (Rathunde, 2001; Shaffer, 1978, zitiert in: Froh, 2004, S. 18).

Positive Psychologie ist demzufolge nichts Neues, sie hat lediglich die früheren Ideen und die Frage, was das Leben würdig und wertvoll macht, zusammengefasst, umakzentuiert, empirisch geprüft, vertieft und schließlich breit anwendbar gemacht (Seligman & Stehen, 2005). Ihre Autoren wollten die klinische Psychologie nicht ersetzen, sondern haben versucht, sie, um das Gleichgewicht zwischen menschlichen Nöten bzw. Leiden und Glück zu schaffen, zu ergänzen (ebd.).

Eine von den drei Hauptsäulen der Positiven Psychologie, die Idee über die positiven Eigenschaften bzw. Charaktertugenden des Menschen, ist keine neue Erkenntnis. Seligman und seine Mitarbeiter haben das bereits in der griechischen Philosophie, besonders in der Lehre Aristoteles über die Tugenden als Charaktereigenschaften und Richtlinien für ein glückliches Leben, entdeckt (Athanassoulis, 2004). Ähnliche Ideen über die Charaktertugenden sind auch im Buddhismus, Judaismus und vielen anderen Philosophien und Religionen vorhanden (Seligman, 2007). Demgemäß war die Aufgabe der positiven Psychologie nicht neu. Sie hat die alten ressourcenorientierten Lehren zusammengefasst, welche die positiven Kräfte in Menschen etwas stärker betont und sie gründlicher empirisch erforscht. Dank der starken finanziellen Unterstützung von der Rhoda Mayerson Foundation in 1999 ist es den Gründern der Positiven Psychologie sehr gut gelungen, einen guten Anfang zu ermöglichen und ganz zu Beginn eine Klassifizierung der guten Charaktereigenschaften, Stärken und Tugenden, die notwendig für eine positive Entwicklung der Jugendlichen sind (nämlich „Values-In-Action"), zu entwickeln (Seligman, 2007). Die John Templeton Foundation hat ebenfalls einen großen finanziellen Beitrag durch verschiedene Preise für die besten jungen Positiven Psychologen geleistet (ebd.). Andere finanzielle Unterstützer waren Annenberg and Pew Foundations, Don Clifton and Jim Clifton, father & son, CEOs of Gallup usw. (Seligman, 2007). Der finanzielle Aufwand war somit gesichert, um diese Idee empirisch zu erforschen, weiter zu entwickeln und sie auch erfolgreich zu verbreiten (Seligman, 2007).

2.2.2. Grundsätze der Positiven Psychologie

„Positive Psychologie" ist ein allgemeiner Begriff für die Forschung in den drei Hauptbereichen:

1) die Erforschung positiver Emotionen,

2) die Ermittlung positiver Charaktereigenschaften (Stärken und Tugenden) und

3) die Untersuchung und Förderung der Institutionen, die die positiven Charaktereigenschaften unterstützen, wie z.B. Demokratie, starke Familien, soziale Einrichtungen und Forschungen, welche die positiven Eigenschaften unterstützen (Seligman, 2007, xii). Es ist sehr wichtig, diese dritte Komponente in der Traumatherapie / Beratung zu beachten, um für die Ratsuchenden eine breitere Unterstützung zu leisten.

2.2.2.1. Positive Emotionen

Eine starke und gesunde Persönlichkeit braucht eine feste Grundlage, die auch Schwierigkeiten des Lebens aushalten kann. In der positiven Psychologie ist das eine positive Grundhaltung bzw. Grundeinstellung (Fredrickson,

2011). Darunter ist eine Vielzahl positiver zwischenmenschlicher Gefühle zu verstehen: „Wertschätzung, Liebe, Vergnügen, tief empfundene[.] Freude, Hoffnung, Dankbarkeit und vieles mehr" (Fredrickson, 2011, S. 18). Seligman betont sehr oft das Vertrauen (engl. *trust*) und die Hoffnung (engl. *hope*) (Seligman, 2007). Diese positiven Gefühle haben eine positive Langzeitwirkung auf den Charakter und dadurch auf die Persönlichkeit, zwischenmenschliche Beziehungen und die ganze Umgebung (Fredrickson, 2011). Es ist bemerkenswert, dass positive Emotionen größtenteils in alltäglichen Situationen und Augenblicken entstehen, allerdings einen starken Einfluss auf das Denken und Empfinden üben (Fredrickson, 2011). Das Leben besteht überwiegend aus Kleinigkeiten und Augenblicken, die die Seele erfüllen. Wenn sie in kleinen Schritten positiv gemeistert werden, kann eine allgemeine positive Grundhaltung von Tag zu Tag wachsen (ebd.). Eine positive Stimmung schafft es nicht nur, schlechte Gedanken in gute zu verwandeln, sondern auch die Grenzen des Geistes zu erweitern, um mehr Möglichkeiten zu eröffnen (ebd.).

Es ist möglich, auch mit unangenehmen Situationen versöhnlich und tolerant umzugehen: z.B. in banalen Alltagssituationen, wenn man aus der Suche nach verlorenen Schuhen ein Familienspiel machen könnte; in Verhältnissen mit Menschen und Kollegen mehr Vertrauen aufbaut usw. (Fredrickson, 2011). Obwohl positive Emotionen nur kurz dauern, spielen sie langfristig eine große Rolle und tragen zum allgemeinen Wohlbefinden bei (ebd.). Sie üben einen starken Einfluss auf die mentale Ebene und aktivieren alle psychische

Ressourcen (Fredrickson, 2011). Im Gegensatz dazu blockieren negative Gefühle und die damit verbundenen Stresshormone menschliche Ressourcen und schwächen die Seele.

Mit positiven Gefühlen ist es möglich, mit jeder Situation besser zurechtzukommen und das Beste daraus zu machen (Fredrickson, 2011). Das ist das eigentliche Geheimnis der Resilienz (Fredrickson, 2011). Gefühle zeigen den elementaren Unterschied auf, wie die allgemeine Bilanz bzw. Stimmung aussehen wird (ebd.). Positive Gefühle können als »lebensspendende Positivität« definiert werden (ebd., S. 25); negative dagegen, als »Potenzial zur lebensfeindlichen Negativität« (Fredrickson, 2011, S. 25). Jeder Mensch entscheidet, mit welchem dieser Ansätze er jeden Tag anfangen wird. Mit einer positiven Grundhaltung entstehen neue Möglichkeiten und damit erholt sich die Seele und der Körper schneller von Rückschlägen, in Beziehungen entsteht eine stärkere Bindung zu anderen Menschen und allgemein wird sogar der Schlaf qualitativer (ebd.).

Auch die schönsten Augenblicke und Emotionen, die aus dem Herzen kommen, dauern in der Regel nicht lange an (Fredrickson, 2011). Dessen ungeachtet zeigen die Forschungen von Barbara L. Fredrickson, der Professorin für Psychologie an der University of North Carolina in Chapel Hill, USA, auf, dass die Quantität der positiven Gefühle zählt – der sogenannte »positive Quotient«, „[...] das messbare Verhältnis zwischen tief empfundenen positiven und herzzerreißenden, negativen Gefühlen" (Fredrickson, 2011, S. 30). Dieser Quotient bzw. das Verhältnis zwischen positiven und negativen Gefühlen beträgt 3-zu-1 (ebd.). Wenn dieses Verhältnis unter diesen Wert sinkt, entsteht eine Abwärtsspirale der Negativität, Erstarrung und ein Überbelastungsgefühl – eine klar vorhersagbare Haltung (ebd.). Umgekehrt führt die positive Grundeinstellung zu einer Aufwärtsspirale der Positivität, die zur Kreativität, Lebendigkeit und zum Auftrieb führt (Fredrickson, 2011, S. 30). Jeder Mensch entscheidet, ob er sich auf einen positiven oder negativen Kurs befinden wird; entweder zu wachsen – ein besserer Mensch zu werden, kreativer und widerstandsfähiger zu sein; oder sich in schlechten Gefühlen und Gewohnheiten zu verfestigen – ohne Wachstum und weitere Entwicklung (Fredrickson, 2011). Der positive Quotient (3-zu-1) macht den entscheidenden Unterschied aus (ebd.). Dies ist im Falle der Traumatisierung ebenfalls bestimmend – danach entscheidet sich, ob jemand im traumatischen Zustand bleiben will, oder sich hiervon so schnell wie möglich befreien wird.

Um glücklich und zufrieden mit dem Leben zu sein, sollte etwas Gutes getan werden – sich beispielsweise innerhalb der Familie, in der Gesellschaft und am Arbeitsplatz zu engagieren (Fredrickson, 2011). Wenn das Leben einen Sinn hat, wenn der Mensch sich als wichtiges Mitglied der Gesellschaft fühlt und nach positiven erhabenen Zielen strebt, um mit dem eigenen Leben etwas Wertvolles zu tun und mit anderen das Gute zu teilen, dann entsteht ein erfülltes Leben und eine positive Lebenseinstellung (Fredrickson, 2011). Die Voraussetzungen dafür sind Ehrlichkeit und Natürlichkeit. Unehrliche positive Äußerungen und freundliches Schauspiel macht mehr Schaden als Nutzen, weil andere Menschen sehr

schnell erkennen, ob jemand aufrichtig ist, oder nicht
(Fredrickson, 2011).

Positive und gute Gefühle signalisieren, dass alles gut
ist, dass das Leben schön und erfolgreich ist, sodass jemand
sich sicher und zufrieden fühlen kann (Fredrickson, 2011).
Fredrickson definiert folgende positive Gefühle, durch welche
sich die positive Lebenseinstellung manifestieren kann: „[…]
Freude, Dankbarkeit, Heiterkeit, Interesse, Hoffnung, Stolz,
Vergnügen, Inspiration, Ehrfurcht und Liebe" (Fredrickson,
2011, S. 57). Es gibt auch andere positive Formen, jedoch sind
die genannten bewiesenermaßen meistens verbreitet
(Fredrickson, 2011). Dennoch sind sie mehr als nur ein Signal
der Gesundheit – aufgrund der neuesten wissenschaftlichen
Forschungen sind sie auch die Ursache von Gesundheit (ebd.).
Sie zeigen auf, dass menschliche emotionale Impulse und
körperliche Veränderungen und Reaktionen, besonders bei
Lebensgefahren, schneller als das bewusste Denken sind
(ebd.). Es ist wohlbekannt, dass bei jeder Gefahr der Puls und
das Herzklopfen schneller wird, die Durchblutung in den
Extremitäten stärker, wobei die Nebennierendrüsen mehr
Cortisol produzieren, um mehr Energie verbrauchen zu können
(ebd.). Außerdem entsteht auch eine Erhöhung des
Glukosegehalts im Blutkreislauf – der Fluchtimpuls durch die
Angst – eine Vorbereitung des Körpers für die Flucht (ebd.).
Allerdings beschränken sie die menschliche Aufmerksamkeit
nur auf die Gefahr (Fredrickson, 2011). Positive Emotionen
dagegen, erweitern den menschliche Horizont und das
Bewusstsein und vergrößern damit den Denk- und
Handlungsspielraum (Fredrickson, 2011). Freude macht uns

kreativ, Interesse bewegt uns zu erforschen und zu lernen (ebd.). Das bedeutet, dass positive Emotionen das Herz und den Geist für Empfänglichkeit und Kreativität öffnen (ebd.). Aus Emotionen entsteht Haltung: eine negative, sogar neutrale, hemmt unsere Energie; eine positive Haltung hingegen fördert Forschung, Lernen und Wachstum, was die Lebensqualität verbessert (ebd.). Zuletzt entsteht durch eine positive Grundhaltung nicht nur eine bessere Lebensqualität, sondern auch entsprechende Quantität – positive Menschen leben länger, und zwar bis zu zehn Jahre (Fredrickson, 2011, S. 42).

Art und Intensität der Gefühle sind viel stärker von der inneren Interpretation und Einstellung abhängig, als von äußeren Lebensumständen (ebd.). Die gleiche Situation kann bei Einzelnen Furcht erzeugen und bei anderen wiederum keine Auswirkung haben. Dagegen kann bei der gleichen freudigen Situation jemand jubeln, wohingegen sie den anderen unberührt lässt.

Wenn die positiven Gefühle nur kurz dauern und auch im Vergleich mit negativen relativ schnell aus dem Gedächtnis verschwinden, warum sind sie so wichtig für unsere gesamte Gesundheit?

2.2.2.2. Physiologie der Gefühle

Die wichtigste Grundlage und das Hauptarbeitsfeld der Traumatherapie sind ebenfalls Gefühle. Sie zeichnen die psychische Lage aus. Wie entstehen sie und wie kann man mit ihnen als TherapeutIn bzw. SeelsorgerIn bewusst arbeiten?

Obwohl das menschliche Nervensystem noch nicht komplett erforscht ist, hat die Neurobiologie entdeckt, wie sich unsere Gefühle in physiologischen Prozessen äußern. Die Nervenzellen kommunizieren ständig miteinander über durchschnittlich 1000 Kontaktstellen (Missler, 2003). Dieser Informationsaustausch ist die Grundlage sowohl der Gesundheit, als auch der Krankheit (ebd.). Bei der großen Mehrheit der Neuronen[11] verläuft der Informationsaustausch auf zweierlei Wegen:

1) durch elektrische Impulse an jeder Nervenzelle entlang und

2) durch den chemischen Austausch zwischen zwei Nervenzellen an Synapsen durch Botenstoffen, die auch als Neuro-Hormonen bezeichnet werden.

Das funktioniert so, dass eine signalsendende Nervenzelle (das präsynaptische Neuron) ihr synaptisches Bläschen, oder Vesikel – das intrazelluläre Membranbläschen, ausgefüllt mit Botenstoffen (Wikipedia, 2012) – oder Neuroboten (Neurohormone) zunächst mit ihrer Membran verschmelzen und den befreiten Inhalt (Botenstoffe) durch kurz geöffnete Natrium- und Kaliumkanäle in den intrazellularen Raum (synaptischer Spalt zwischen zwei berührenden Nervenzellen) freisetzt (Wikipedia, 2012). Die zweite Nervenzelle (oder postsynaptisches Neuron – siehe Abbildung 5), empfängt die ausgeschütteten Botenstoffe durch

---

[11] Neuronen mit chemischen Synapsen. Es gibt auch elektrische Synapsen mit sog. »Gap junctions«, bei denen das Zellgewebe von beiden Zellen in Kontakt steht, befestigt mit »Connexonen« oder Ionkanälen. „Neben der Netzhaut findet man diese Form der Synapse auch im Herzmuskel zwischen den Muskelzellen, in der glatten Muskulatur im Großhirn von Ratten recht häufig" (Fischer, 2007).

Neurorezeptoren, oder durch Ionenkanäle mit Rezeptorfunktion (Wikipedia, 2012).

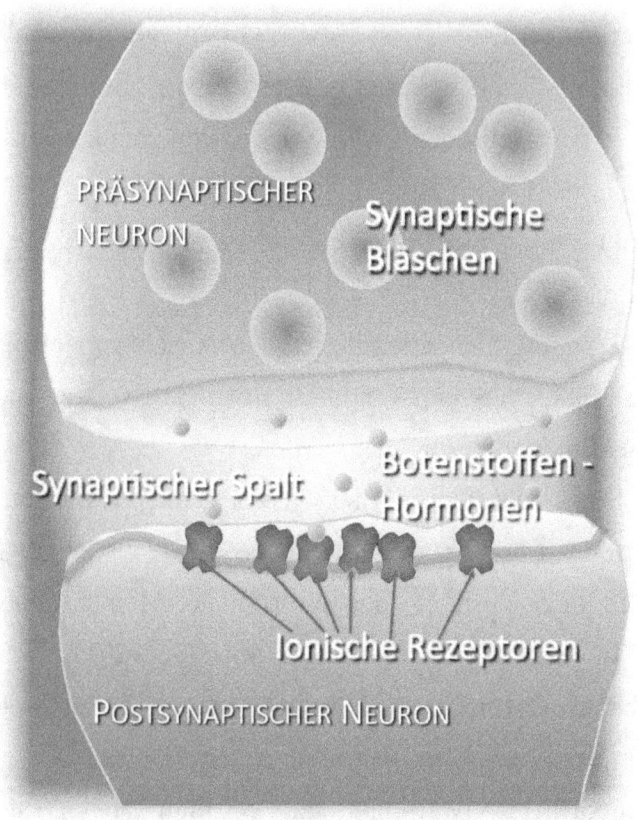

Abbildung 5: Synaptischer Spalt zwischen zwei Neuronen,
Quelle: Eigenquelle (Grafik: Dragan Mirkovic)

Dieser hier einfach erklärte Prozess, geschieht zwischen den Nervenzellen in Millisekunden. Dennoch gibt es zwei Bedingungen für eine erfolgreiche Kommunikation zwischen Neuronen: eine gut ausgebildete, **neuroanatomische Vernetzung** (gesund entwickelte, voll funktionsfähige Nervenzellen, gemeinsam mit ausreichend ausgestatteten

Botenstoffrezeptoren) und dazu nötige, **gesunde Physiologie** (ausreichend angepasste Menge der Botenstoffe). Bei einem Mangel der Botenstoffe Serotonin und Dopamin ist Depressionen eine häufige Folge (Wikipedia, 2012). Wenn der Körper jedoch ausreichend Serotonin produziert, aber zu wenig Botenstoffrezeptoren hat, beispielsweise zu wenig Serotoninrezeptoren (wie eine Studie aus Bethesda, US-Staat Maryland zeigt),[12] führt dies zum gleichen Ergebnis, obwohl der Organismus genug Serotonin produziert (Mediaprint infoverlag GmbH, 2004).

Im menschlichen Körper existieren sehr viele unterschiedliche Botenstoffe. Manche werden im Nervensystem produziert, andere dagegen in verschiedenen Organen, besonders in Hormondrüsen. Für die angenehmen Gefühle sind sogenannte „Glückshormone" verantwortlich. Ihre Funktionsweise lässt sich sehr gut und bewusst in der Traumatherapie in Verbindung mit der Positiven Psychologie anwenden:

Serotonin – „Streich-", oder „Gewebshormon". Seine Funktion ist über das zentrale Nervensystem hinaus verbreitet, wobei es auch eine wichtige Rolle im Bereich des Nervenbahnsystems, des Herz-Kreislauf-Systems und im

---

[12] Forscher des National Institute of Mental Health (NIMH) in Bethesda (US-Staat Maryland) haben herausgefunden, dass auch eine nicht ausreichende Serotoninrezeptorenmenge eine Ursache der Depression sein kann, weil das Nervensystem den Botenstoff nicht aufnehmen kann, auch wenn der Körper ihn in ausreichender Menge produziert. Das Team um Dr. Alexander Neumeister berichtet darüber im Fachblatt "Journal of Neuroscience" (Bd. 24, S. 589) (Mediaprint infoverlag GmbH, 2004).

Blutkreis hat (Ohe, 2010). Seine vierzehn verschiedenen Serotonin-Rezeptoren, verteilt in den unterschiedlichsten Organsystemen (Gehirn, Gefäße, Dünndarm, Blutplättchen, Lunge), steuern verschiedene physiologische Funktionen (Ohe, 2010). Sein Mangel kann sowohl zu kardiovaskulären und Verdauungsproblemen, als auch zur Depression führen (Ohe, 2010; Wikipedia, 2010). Durch eine Intensivierung der positiven Gefühle und Erlebnisse durch die Traumatherapie und eine positive Lebenseinstellung kann auch der Serotoninspiegel erhöht werden und dadurch können die traumatischen Gefühle leichter überwunden werden.

Oxytocin – bekannt als das „Sozialhormon". Sein Name bedeutet „schnelle Geburt" (Govi-Verlag, 2012). Die ersten Funktionen, entdeckt im Jahr 1906, waren die Steuerung der Geburtsgeschwindigkeit und der Sekretion von Muttermilch beim Stillen (Wikipedia, 2012). Neben seiner physiologischen hat es auch die Verhaltensfunktion – es dient dem Bindungsaufbau zwischen Mutter und Kind und zur Beruhigung des Stresshormons Cortisol beim Stillen (Govi-Verlag, 2012). Die neuesten Forschungen (Forschungsteam unter Leitung von Markus Heinrich an der Universität Zürich, ebd.) zeigen seine Wirkung in zwischenmenschlichen Beziehungen – in Form von Vertrauen, Treue und Mitgefühl (Govi-Verlag, 2012). Schon beim Streicheln wird das „Sozial-", „Kuschel-" und „Liebeshormon" Oxytocin in der Hirnanhangsdrüse Hypothalamus ausgeschüttet. Heute ist durch verschiedene Studien an Tieren bekannt, dass dieses Hormon und die Neurotransmitter weiterhin für positive soziale Verhältnisse verantwortlich sind (Pedersen & Prange, 1979; Pedersen, Ascher, Monroe & Prange, 1982; Fahrbach, Morrell & Pfaff, 1984; Winslow et al., 2000, zitiert in Wikipeida, 2012). Folglich ist es in der Traumatherapie wichtig, die soziale Unterstützung zu leisten, um auch dieses wichtige Hormon bei den Ratsuchenden auslösen zu können.

Dopamin - Lusthormon. Einerseits erhöht Dopamin die allgemeine Aktivitätsfähigkeit und beugt depressiven Verstimmungen vor, anderseits verursacht seine verminderte Produktion sogar Depression und Trieblosigkeit (Mohr, 2010). Es schafft Antrieb, Gelassenheit und Lebensfreude, Wohlbefinden, eine kraftvolle, harmonische Bewegung und Feinmotorik, ermöglicht gute Konzentration und schnelle Reaktionen, gibt Mut und befreit von der Angst, optimiert die Funktion des Herzens und des Kreislaufes und aktiviert das Immunsystem (Mohr, 2010). Dopamin-Mangel ist sehr ernst zu nehmen, weil er zu schweren Depressionen führen kann (Mohr, 2010). Eine künstliche Zugabe ist jedoch aufgrund der kontrollierenden Blut–Hirn–Schranke erschwert. Eine künstliche Zufuhr sollte lediglich in Ausnahmefällen angewendet werden (bei Herz-Kreislauf-Störungen und Schockzuständen – offensichtlich nur in der Intensivmedizin) (ebd.). Es ist sehr wichtig, den natürlichen Dopamin-Haushalt durch positive Aktivitäten (die den Patienten Freude und Genuss bereiten), sowohl in der Psychotherapie, als auch im Alltag, anzuregen.

Endorphine – die Glückshormone. Endorphine sind chemisch gesehen Neuropeptide, benannt als Opioidpeptide der α, β $\square\square\square$ γ Gruppe der Aminosäuresequenzen; sie werden in der Hypophyse und dem Hypothalamus produziert (Wikipedia, 2012) und ähneln dem Morphin, dem stärksten Schmerzmittel (ebd.). Sie steuern Empfindungen wie Schmerz und Hunger, stehen aber auch in Verbindung mit der Produktion von Sexualhormonen (Wikipedia, 2012). Sie sind desgleichen für die Verliebtheitseuphorie verantwortlich (Wikipedia, 2012) und auch als Glückshormone bekannt, weil sie in positiven Situationen angenehme Gefühle verursachen. Schon beim Streicheln werden Endorphine im Zusammenhang mit Oxytocin produziert (Elviva.de, 2010). Beim Sex gelangen sie während des Orgasmus in den ganzen Körper, ähnlich wie bei sportlichen Aktivitäten und Anstrengungen, als „Belohnung" für das Bemühen (Elviva.de, 2010).

Die neuesten Forschungen auf der Universität von Michigan haben gezeigt, dass Endorphine für die Placebo-Wirkung verantwortlich sind. Ist der Patient guten Glaubens, dass ein (Placebo-) Medikament helfen wird, werden Endorphine produziert und dadurch werden Schmerzen auf natürliche Art gemindert (Lehnen-Beyel, 2005). Das ist ein Grund mehr, den Aspekt des Glaubens in der Therapie bzw. der Seelsorge zu stärken, um die inneren Ressourcen gegen das Trauma in Gang zu setzen.

Noradrenalin oder Norepinephrin (INN). Das ist ein Neurotransmitter und ein Hormon, das im Nebennierenmark und im Locus caeruleus produziert wird (Wikipedia, 2012). Es ist dem Adrenalin stammverwandt und regt das Herz-Kreislaufsystem an. Beim Krankheitsbild der Herzinsuffizienz ist eine pathologisch erhöhte Konzentration an Noradrenalin im Blut gefunden worden (Wikipedia, 2012). Seine wichtigste

Rolle als Neurotransmitter spielt es im Zentralnervensystem und im sympathischen Nervensystem, ähnlich wie Adrenalin (ebd.). Als Hormon wird es aus den Nebennieren in das Blut als Fluchtreflex abgegeben, um den Blutdruck zu regulieren (Wikipedia, 2012). Noradrenalin wird in der Intensivmedizin als Notfall-Arzneimittel verwendet, um verschiedene Schockzustände erfolgreich zu behandeln: sowohl septischen, kardiogenen, und anaphylaktischen Schock, als auch Vergiftungen mit Vasodilatation und Hypotonie (Wikipedia, 2012). Selbstverständlich gibt es auch Gegenanzeigen, die der Medizin bekannt sind. Noradrenalin erregt, aktiviert, macht uns wach und reaktionsbereit, macht uns aufmerksamer, motivierter und leistungsbereiter. Noradrenalin kommt oft im Zusammenhang mit Serotonin und Dopamin vor. Offensichtlich ist es notwendig, Ratsuchende positiv zu aktivieren (beispielsweise durch angenehme Aktivitäten), damit auch dieses Hormon genug produziert werden kann.

Phenethylamin (PEA), chemische Bezeichnung: 2-Phenylethylamin. Ein Vorläufer der Benzylisochinolin-Alkaloide und hauptsächlich im Gehirn und im Harn auffindbar, ist sogar in der Pflanzenwelt verbreitet – in Bittermandelöl und in Kakaobohnen (so auch in der Schokolade) (Wikipedia, 2012). Als Stammsubstanz der Catecholamine und vieler Halluzinogene ist es verantwortlich für die romantischen Verliebtheitssymptome: feuchte Hände, „Kloß im Hals" und „Schmetterlinge im Bauch" (Wikipedia, 2012).

In größeren Konzentrationen kann Phenethylamin auf der Haut und Schleimhaut ätzend wirken, in geringen Konzentrationen dagegen verursacht es:

> „[…] körperliche Wachheit, Gefühl erhöhter Tatkraft, Stärke, Selbstsicherheit, Rededrang, Beeinträchtigung des Urteilsvermögens, Nervosität, Bewegungsunruhe" (IFA-Institut für Arbeitsschutz der Deutschen Gesetzlichen Unfallversicherungen, 2005).

Zusammengefasst leisten positive Gefühle nicht nur einen Beitrag zu einer guten Stimmung, sondern haben als Hauptfunktion die physiologische Kommunikation in unserem Nervensystem. Sie verursachen gesunde physiologische Prozesse, wobei negative (Stress-) Gefühle bzw. Hormone langfristig ohne Entspannung eine gesunde neurologische Verbindung blockieren und damit auch die Gesundheit.

„Langanhaltender Stress kann zu hormonellen Störungen führen und ebenfalls ein Risikofaktor bei depressiven Erkrankungen sein" (Kroll, 2012). Bei normalen Stresssituationen werden die Hormone (Stoffboten) Adrenalin und Noradrenalin beteiligt. Jedoch, bei dauerhaftem und chronischem Stress „[…] ändern sich die psychosomatischen Reaktionsmuster und andere Stresshormone, beispielsweise Cortisol, werden ausgeschüttet" (Medmonitor GmbH & Co. KG, 2008).

Aus allen o.g. Gründen ist es sehr wichtig, diese Techniken in der Traumatherapie, Beratung und Seelsorge zu entwickeln, nicht nur während der Therapiesitzungen, sondern auch im Alltag. Mit passenden Aktivitäten sollten positive Emotionen regelmäßig hervorgerufen und gepflegt werden, um negative Stresshormone abzubauen und eine gesunde Entspannung zu fördern. Obwohl nach einer Traumatisierung eine negative Stimmung überwiegt, ist es unbedingt wichtig, mit den Ratsuchenden für sie passende Aktivitäten herauszufinden, die bei ihnen positive Emotionen und eine gute Stimmung hervorrufen (z.B. Musik, Lesen, Freundschaftskreis, Kontakt mit der Natur usw., alles, was bei der betreffenden Person am besten funktioniert), als Teil des Therapie- / Beratungsprozesses.

2.2.2.3. Positive Charaktereigenschaften

In der Positiven Psychologie geht es nicht nur um die positiven Gefühle und Aktivitäten, die das Glück fördern, sondern auch um die Charaktereigenschaften, die eine gesunde Lebenseinstellung ermöglichen, nicht nur in guten, sondern auch in sehr schweren Situationen und Lebensphasen. Dies sind Charakterstärken und Tugenden – Mut, Perspektive, Integrität, Fairness, Loyalität usw. (Seligman, 2007). Die negativen Eigenschaften und Emotionen (Persönlichkeitsstörungen, Psychosen und Neurosen) können am besten durch die Positiven vorgebeugt und überwunden werden, etwa durch Optimismus, Hoffnung, soziale Fähigkeiten und Mut (Seligman, 2007).

Die Positive Psychologie hat im Bereich des Charakters sechs Haupteigenschaften / Tugenden und die 24 dazu gehörenden Stärken mit ihren Definitionen entwickelt. Damit wird deutlich, dass für eine gesunde und glückliche Persönlichkeit nicht vor allem äußere Zustände verantwortlich sind, sondern innere positive Charaktereigenschaften und

Einstellungen gegenüber dem Leben und den Mitmenschen
(Seligman, 2007). Obwohl die Persönlichkeitsstruktur,
Erfahrung in der Vergangenheit und Erziehung sehr schwer zu
verändern sind, behauptet die Positive Psychologie, dass
Menschen die Fähigkeit haben, neue Fertigkeiten zu erlernen,
um sich positiv und konstruktiv zu ändern (Seligman, 2007).
Es ist möglich, eine neue Sichtweise, neue Denk- und
Verhaltensmuster zu erreichen (Seligman, 2007) und damit das
ganze Leben umzustrukturieren.

Nach der positiven Psychologie gibt es zwei Arten der
Persönlichkeitsstärken:

1) **Charaktertugenden** mit ethischen Werten und

2) **Talente** mit nichtethischen Werten (Seligman,
2007).

Die erste Gruppe verlangt die Kraft des Willens, die
zweite nicht unbedingt (ebd.). Nach der Positiven Psychologie
können die Charaktereigenschaften erlernt werden, Talente
dagegen, die relativ automatisch sind, nicht (ebd.). Deswegen
ist das Konzept des Willens und der persönlichen
Verantwortung zentral für die Charakterentwicklung und damit
auch für die Positive Psychologie (Seligman, 2007). Die
persönliche Anteilnahme des Willens des Ratsuchenden ist
damit unbedingt wichtig im Behandlungsprozess der positiven
Psychologie, im Unterschied zur therapeutischen Psychologie,
wo mehr der Prozess eines „Formens" oder einer
„Manipulation" passiver Patienten stattfindet (Seligman,
2007).

2.2.2.4. Institutionen, die die positiven Charaktereigenschaften unterstützen

Laut der Positiven Psychologie spielen auch die kulturellen und sozialen Einrichtungen eine große Rolle, wie z.B. Hochschulrat, verschiedene Vereine, soziale Organisationen für Kinder und Jugendliche, kulturelle und religiöse Rituale usw., die positive Charakterwerte unterstützen und entwickeln: Führungsfähigkeit, Arbeitsfähigkeit, Verantwortungsbewusstsein, Pflicht, Loyalität und alle andere Tugenden und Stärken (Seligman, 2007). Eine von den wichtigsten Institutionen, die besonders Kinder und Jugendliche unterstützt, ist die Ehe oder die Familie (ebd.). Kinder und Jugendliche mit beiden biologischen Eltern, haben zum Beispiel mehr Erfolg in ihrer Ausbildung und im Gegensatz dazu viel weniger psychische Störungen (ebd.). Sie sind in der Lage, stabilere Beziehungen im Leben zu entwickeln und damit auch eine höhere soziale Intelligenz (ebd.). Das hat vor allem mit der Entwicklung der Bindungsfähigkeit bei den Kindern zu tun. Durch verschiedene Forschungen der Bindungstheoriewissenschaftler wurde festgestellt, dass die Beziehung zwischen der Bezugsperson und dem Kind in der frühen Kindheit sehr entscheidend ist (Wikipedia, 2007).

Es ist wichtig, dass die Ratsuchenden eine gute Unterstützung von entsprechenden Institutionen (inklusive Familie und Verwandte) bekommen, nicht nur, um sich schneller von dem Trauma zu erholen, sondern auch, um die eigene Persönlichkeit dauerhaft stärken zu können.

Dementsprechend ist es in der Psychotherapie, Beratung und Seelsorge wichtig, diese systemische Unterstützung zu suchen und zu fördern.

Damit ist eine gute Verbindung gemacht zwischen dem „Umweltdenken" („environment") in der klinischen Psychologie (ebd.), die äußerliche Einflüsse auf den Menschen einbezieht und den Persönlichkeitsstärken, die die klinische Psychologie sehr oft vermisst. In dieser Hinsicht ist die Positive Psychologie der systemischen Psychotherapie ähnlich, die sich auch sehr stark mit der Familie und dem ganzen Unterstützungssystem einer Person befasst.

2.2.3. Faktoren und Definition des Glücks

In der Positiven Psychologie werden die Worte »Glück« (engl. *happiness*), »positive Grundhaltung« (engl. *attitude*) und »positive Emotionen« als ihre Hauptziele betont (Seligman, 2007, Fredrickson 2011). Seligman nennt das »authentic happiness« (Seligman, 2007), das von inneren grundlegenden Stärken abhängt und im Alltag praktiziert wird und nicht nur von äußeren Genüssen, Attraktivität oder Reichtum abhängig ist (ebd.). Dabei formen Charaktertugenden, Lebenssinn und Integrität das feste Fundament einer gesunden Persönlichkeit und dienen als Schutz gegen das Unglück und gegen psychische Störungen (Seligman, 2007). Seligman ist der Ansicht, das alles sei der Schlüssel der Resilienz (ebd.). Deswegen ist die Hauptaufgabe der Traumatherapie eine Identifizierung der persönlichen Stärken und Tugenden (ebd.). Das wahre Glück ist dementsprechend kein vorübergehendes Empfinden, sondern ein Aufbauprozess einer inneren positiven Grundhaltung und Lebensänderung. Deswegen werden die Folgen der Therapie / Beratung nicht nur während des Therapieprozesses sichtbar, sondern auch lange danach.

2.2.4. Faktoren der Lebenszufriedenheit

Trotz der allgemeinen Auffassung, dass der Wohlstand das Glück liefert, sieht die Realität anders aus. Mit der Verbesserung der Lebensbedingungen haben in der Gesellschaft (sowohl in Europa, als auch in Amerika) auch seelische Störungen und Krankheiten zugenommen – Selbstmordrate, Suchterkrankungen usw. (Lukas, 2011).

Laut der Positiven Psychologie liegen die Faktoren der Lebenszufriedenheit nicht unbedingt in äußeren Lebensumständen, sondern in der inneren Lebenseinstellung und im Charakter (Seligman, 2007). Der Hauptfaktor eines tugendhaften Charakters und damit auch des Glücks ist **Philanthropie – Menschenliebe** (Seligman, 2007). Sie gibt dem Leben nicht nur einen höheren Sinn, sondern verstärk die inneren Stärken und verbessert die psychischen Fähigkeiten als eine Art Belohnung – viel mehr als einfache Vergnügen und Genüsse (ebd.). Der Ausdruck der Menschenliebe ist Freundlichkeit, eine Art der Selbstverleugnung (ebd.). Konsequenterweise bringen positive Charakterstärken und Tugenden positive Emotionen als Belohnung mit sich (ebd.). Negative Charaktereigenschaften dagegen bringen negative Gefühle mit sich und damit auch psychische und physische Störungen und Krankheiten (ebd.). In dem Bereich ist das Ergebnis der Forschung der Positiven Psychologie eine

Bestätigung der christlichen Liebe, die das höchste
Lebensgesetz ist:

> Matthäus [**22.39**] „Das andere aber ist dem gleich: "Du
> sollst deinen Nächsten lieben wie dich selbst" (3. Mose
> 19,18). [**22.40**] In diesen beiden Geboten hängt das ganze
> Gesetz und die Propheten."

2.3. Vergleich zwischen der Positiven und klinischen Psychologie

Laut Seligman ist vieles in der Psychologie und der
Psychiatrie entdeckt, z.B. wie und warum verschiedene
Störungen und Erkrankungen entstehen, aber wenig darüber,
wie sie konstruktiv und aktiv zu heilen und noch weniger, wie
Patienten daraus wachsen und stärker werden können
(Seligman, 2004). PsychologInnen, PsychiaterInnen und
BeraterInnen waren überwiegend die Personen, welche die
Schlussentscheidungen für die Patienten treffen sollten (ebd.).
Sie haben das Wissen (Know-how) und sie haben das
Schicksal ihrer Patienten in ihren Händen. Nach Seligman sind
Patienten und Ratsuchende eher passive Objekte der Therapie
und keine aktiven Subjekte, die allein und selbstständig etwas
ändern können (Seligman, 2004). Damit lag die Verantwortung
nicht bei den Patienten (ebd.). Sie lernten jahrelang, von
TherapeutInnen abhängig zu sein und erst kurz vor dem Ende
der Therapie mussten sie lernen, sich von ihnen zu trennen.
Die Selbstständigkeit wurde dadurch nicht richtig entwickelt.

Das zweite Hauptproblem in der Psychologie war ein
Interessenmangel für das Positive – um die Genialität und

Talente zu entwickeln (Seligman, 2004). Klinische Psychologie und Psychotherapie konzentrieren sich überwiegend auf psychische Probleme und Krankheiten und nicht auf die persönlichen Stärken.

Das dritte Problem der klinischen Psychologie war der Mangel an positiven Interventionen, um das Glück bei Patienten zu entwickeln (Seligman, 2004).

Dieses Konzept der Krankheitsheilung »illness ideology« (Joseph & Linley, 2008) hat relativ wenig zur dauerhaften Verbesserung in der Gesellschaft beigebracht (ebd.). Die Patientenzahl und die Zahl der psychischen Krankheiten sind ständig gestiegen, nicht jedoch die Effizienz der therapeutischen Ansätze. Seligman stellte fest, dass diese positive Tendenz / Entwicklung in der Therapiequalität fehlt (Seligman, 2004). Die klinische Psychologie hat eine medizinische Sprache der Psychopathologie entwickelt, mit der Betonung auf die menschlichen Schwächen und Krankheiten aber nicht auf ihre Stärken und ihre psychischen Gesundheit (Joseph & Linley, 2008). Im Bereich des Kriegstraumas wird die Störung betont (im Kontext des Kriegstraumas die Posttraumatische Belastungsstörung – PTBS) und nicht das posttraumatische Wachstum (ebd.).

Als neuer Präsident der APA hat Seligman zusammen mit dem bekannten führenden Psychologen Mihály Csíkszentmihályi, dem Autor des Konzepts „flow" (Wikipedia, 2012) und Raymond D. Fowler, dem ehemaligen Präsidenten der „American Psychological Association" (APA) (Wikipedia, 2011) ein neues Konzept entwickelt, das sich zuerst mit den Ressourcen des Menschen beschäftigt und nicht mit seinen

Schwächen und Kränkungen. Die alten Psychologieschulen haben Messmethoden und Klassifikationen entwickelt, wie Persönlichkeitsstörungen und psychische Krankheiten zu messen und einzuordnen sind. Positive Psychologie hat, im Gegensatz dazu, eine Klassifikation der Stärken und Charakterzüge mit Hilfe einer Diagnostik und von Messmethoden entwickelt (Seligman, 2004). Weiterhin hat die Positive Psychologie auch das Verhältnis der Aktivitäten zwischen beiden Gehirnhälften entdeckt, die das Glück verursachen (Seligman, 2004).

Üblicherweise beschäftigt sich der Rest der Psychologie überwiegend mit kranken Menschen, die Positive Psychologie dagegen mit gesunden und glücklichen Menschen. Sie sucht die Gründe, warum sie sich von anderen, weniger Glücklichen unterscheiden (Seligman, 2004).

Weiterhin kritisiert die Positive Psychologie an der klinischen Psychologie, dass sie die Grundlage der Hauptannahmen der höchstausgebildeten intellektuellen Geister aus dem 19. Jahrhundert aus Amerika vermisst hat, nämlich:

- „[…] that there is a human „nature"
- That action proceeds from character
- That character comes in two forms, both equally fundamental – bad character, and good or virtuous („angelic") character" (Seligman, 2007, 123).

Wie ist es dazu gekommen, dass die klinische Psychologie das Konzept des Charakters und der persönlichen Verantwortung sehr stark vernachlässigt hat?

2.3.1. Gründe, warum die Psychologie die Idee des Charakters in großem Rahmen vernachlässigt hat

Laut Seligman ist der Charakter als psychologisches Konzept (bis zum 19. Jahrhundert als die Grundlage der Psychologie), im 20. Jahrhundert fast komplett verschwunden (Seligman, 2007). Weshalb und wie ist dies geschehen?

Nach dem Bürgerkrieg im 19. Jahrhundert kamen in den USA wegen der großen Arbeitslosigkeit viele Unruhen, Streiks und Gewalt im ganzen Land auf (ebd.). Durch verschiedene gesellschaftliche Veränderungen wurden schlechte Charaktereigenschaften und dementsprechend negative Verhaltensmuster dominant (ebd.). Die Lebensumstände im 20. Jahrhundert sind viel schwieriger geworden und haben die Menschen negativ beeinflusst – Armut, Überbelastung bei der Arbeit, schlechte und enge Wohnumstände, sehr niedrige Ausbildungsrate und zugleich ein Moralzerfall der ganzen Gesellschaft (Seligman, 2007). Die alte ethische Erklärung, dass schlechte Taten aus einem schlechten Charakter entstehen, konnte nicht mehr die allgemeine Realität erklären (ebd.). Es wurde festgestellt, dass die Mehrheit von diesen unzufriedenen Menschen in sehr schlechten Lebensumständen gelebt hat, ohne jegliche Ausbildung und in sehr schlechtem gesundheitlichem Zustand (ebd.). Um alles richtig deuten und erklären zu können, entstand eine neue Lehre – die soziale Wissenschaft, die erklärt, dass nicht der Mensch für sein Verhalten verantwortlich ist, sondern die Lebensumstände. Die bekanntesten Vertreter dieser neuen Idee waren Freud, Marx, Darwin und andere (Seligman, 2007). Die persönliche Verantwortung und der eigene Charakter wurden immer stärker von der Gesellschaft und dem ganzen System abhängig (ebd.). Nach Seligman haben Menschen die „erlernte Hilflosigkeit" als Hauptlebenseinstellung entwickelt (Seligman 1999), was zu einer allgemeinen Depression bei vielen Menschen geführt hat. Das Fundament dieser neuen Lehre ist schließlich die Evolution, nach der die Überlebenschance eines Lebewesens bzw. einer Art grundsätzlich von der Anpassungsfähigkeit an die äußeren Lebensumstände abhängig ist. Umgekehrt betrachtet bestimmen die Lebensumstände (Klima, Umwelt und Lebensbedingungen) die Überlebensfähigkeit einer Spezies.

Dadurch ist ein neues Verständnis für soziale und Lebensbedingungen entstanden und damit auch eine neue wissenschaftliche Disziplin – die Sozialwissenschaft (Seligman, 2007). Das schlechte Verhalten eines Menschen konnte jetzt durch schlechte Lebensumstände erklärt und damit gerechtfertigt werden (Seligman, 2007). Nach Seligman hat die Sozialwissenschaft damit das alte „Charaktermodel" verlassen, wodurch Charakter selbst keine Rolle mehr in der neuen amerikanischen Psychologie des Verhaltens gespielt hat (ebd.). Ein neues soziales Konzept ist entstanden – Egalitarismus, wodurch alle Menschen gleich betrachtet und behandelt werden können (ebd.). Damit ist die Verantwortung des Einzelnen nicht mehr im psychologischen und ethischen, allerdings noch im juristischen Bereich geblieben. Menschen werden vom Gesetz als verantwortliche Bürger betrachtet, sind jedoch psychologisch nicht dafür ausgebildet. Deswegen hat das ganze Gesellschaftssystem doppelte Standards (ebd.). Die Positiven Psychologen sehen hier ihren Auftrag, die Gesellschaft und Einzelne zu einer verantwortlichen und konstruktiven Lebenseinstellung und Haltung zu führen (Seligman, 2007).

Obwohl die Psychologie, laut Seligman, das Konzept des Charakters verlassen hat, ist seine Bedeutung in der Realität nicht geringer geworden (ebd.). Er erklärt dessen Bedeutung folgendermaßen:

> „Good and bad character remained firmly entrenched in our laws, our politics, the way we raised our children, and the way we talked and thought about why people do what they do. Any science that does not use character as a basic idea (or at least explain character and choice away successfully) will never be accepted as a useful account of human action" (Seligman, 2007, 126).

Die einzige Psychologiedisziplin, die sich auch im 20. Jahrhundert mit dem Charakter beschäftigt hat, war die Studie der Persönlichkeit unter Gordon Allport als ihrem Gründer, der die Charaktertugenden und die Bedeutung der Persönlichkeitsstruktur betont hat (Seligman, 2007). Ein weiterer Experte, heute einer der führenden Spezialisten für das Thema Persönlichkeit, ist Christopher Peterson (ebd.). Die Vertreter der Positiven Psychologie behaupten, dass es unbedingt wichtig ist, wieder die Bedeutung des Charakters bzw. der Persönlichkeit zu betonen (Seligman, 2007). Da der Begriff »Charakter« mehr normativ – als ein amerikanisch-protestantischer Begriff des 19. Jahrhunderts – verstanden wird, definiert die Positive Psychologie Charaktereigenschaften deskriptiv als »Persönlichkeit« und meint damit Tugenden, die allgemein in allen Kulturen und Nationen als positive Werte anerkannt sind (Seligman, 2007).

Das Konzept des Charakters ist einerseits in der klinischen Psychologie nicht so stark vertreten wie in der Positiven Psychologie. Anderseits gibt es Gemeinsamkeiten zwischen der Positiven Psychologie und anderen philosophischen und psychotherapeutischen Ansätzen.

2.3.2. Positive Psychologie und andere philosophische und psychotherapeutische Ansätze

Positive Psychologie ist keine Erfindung der letzten Jahrzehnte. Ihre erste philosophische Grundlage war die Idee des griechischen Philosophen Aristoteles über die sechs Tugenden des menschlichen Charakters:

- "Wisdom and knowledge
- Courage
- Love and humanity
- Justice
- Temperance
- Spirituality and transcendence" (Seligman, 2007, S. 9).

Diese sechs Tugenden haben die Gründer der Positiven Psychologie zudem zweihundert anderen Quellen gefunden – unter anderem bei Plato, Aquinas und Augustin, im Alten Testament und im Talmud, bei Konfuzius, Buddha, Lao-Tze, Bushido (Samurai Code), im Koran, bei Benjamin Franklin, in Upanischaden und vielen anderen (ebd.). Deswegen haben sich diese edlen Charaktereigenschaften als etwas Gemeinsames aus fast allen Religionen und philosophischen Traditionen herausgebildet (ebd.). Das hat Seligman dazu gebracht, sich vom Krankheitsmodel der klinischen Psychologie hin zu dem Stärkemodel des Charakters zu wenden, ähnlich wie sich die alten Philosophen mit den positiven Eigenschaften und Stärken der menschlichen Natur beschäftigt haben (Seligman, 2007). Diese Idee der positiven Kräfte und Ressourcen des Menschen sind ebenso in früheren psychologischen Werken enthalten (siehe Kapitel 2.2.1).

Seligman versteht die Positive Psychologie als eine Zusammenfassung aller ressourcenorientierten Werke und psychologischer Ansätze. Sie allein ist kein neuer Umbruch auf diesem Gebiet. Schon vor der Entstehung der Positiven Psychologie haben sich verschiedene Autoren mit den positiven und gesunden Kräften des Menschen beschäftigt. Die Grundlagen waren schon vorher gelegt. Der Hauptbeitrag der Positiven Psychologie liegt in den allumfassenden empirischen Forschungen im Bereich der positiven Emotionen, Charaktereigenschaften, günstigen Bedingungen und den institutionellen Strukturen, die das Glück fördern (Seligman & Steen, 2005). Deswegen gibt es viele Ähnlichkeiten mit anderen ressourcenorientierten Ansätzen in der Psychologie, Psychotherapie und der Beratung, wie z.B. mit Carl Rogers und Antonowsky mit seiner Resilienzforschung (Reddemann, 2011, S. 42).

Obwohl sich die allgemeine Psychologie in ihren verschiedenen Ansätzen nicht so sehr mit dem Begriff „Charakter" beschäftigt, sind die Charaktertugenden aus der Positiven Psychologie mit anderen Werten der menschlichen

Psyche vergleichbar, die auch mit anderen psychologischen Messmethoden messbar sind:

> "For example, the virtue of humanity can be achieved by kindness, philanthropy, the capacity to love and be loved, sacrifice, or compassion. The virtue of temperance can be exhibited by modesty and humility, disciplined self-control, or prudence and caution" (Seligman, 2007, S. 131).

Obwohl die Positive Psychologie eine einschneidende Wende vom Negativen zum Positiven in der Welt der Psychologie Amerikas bewirkt hat, ist eine solche Entwicklung im deutschen Sprachraum schon seit den 90er Jahren entstanden – unter dem Namen »Ressourcenorientierung« oder »Entwicklungsförderung« von Fürstenau, die durch Grawe weiter geprägt wurde (Reddemann, 2011, S. 44). Darüber hinaus haben sich die Schule Milton Ericksons und die Systemische Therapie diesem Bereich gewidmet (ebd.). Aufgrund dessen ist ersichtlich, dass die Grundlagen (Ressourcenorientierung) der Positiven Psychologie schon in den letzten Jahrzehnten in der deutschen Psychologie vorhanden ist.

2.3.3. Ziel der Positiven Psychologie im Vergleich mit dem allgemeinen Beratungsziel

Das Ziel der Positiven Psychologie kann durch die folgende Aussage gut zusammengefast werden:

> "The field of positive psychology at the subjective level is about valued subjective experiences: well-being, contentment, and satisfaction (in the past); hope and optimism (for the future); and flow and happiness (in the

present). At the individual level, it is about positive individual traits: the capacity for love and vocation, courage, interpersonal skill, aesthetic sensibility, perseverance, forgiveness, originality, future mindedness, spirituality, high talent, and wisdom. At the group level, it is about the civic virtues and the institutions that move individuals toward better citizenship: responsibility, nurturance, altruism, civility, moderation, tolerance, and work ethic." (Seligman & Csikszentmihalyi 2000, S. 5)

Obgleich alle erwähnten Ziele der Nebenbestandteil aller Beratungs- und Psychotherapieansätze sind, sind sie in der Positiven Psychologie die Priorität – vor allem die Ressourcenstärke einer Person. Hinzu kommen auch die Entwicklungen, die hier nicht nur die Ratsuchenden betreffen, sondern auch soziale/gesellschaftliche und politische Strukturen. Positive Psychologie ist kein Ersatz für andere psychologische und psychotherapeutische Ansätze, sondern eine Ergänzung der psychologischen Forschungen sowohl über menschliches Leid, Schwächen und Störungen, als auch über die Quellen der Freude, Stärke und Überwindung der seelischen Störungen (Seligman & Steen, 2005).

Nach Seligman liegt der Unterschied auch im Umgang und in der Therapieart. In der klinischen Psychologie ist ein Patient bzw. Ratsuchender mehr ein passives Objekt und der Therapeut dagegen aktiv im Bereich der Therapie-„Gestaltung" oder der sogenannten „Manipulation" (Seligman, 2007). Der Patient muss dem Therapeut vertrauen, ihm gehorchen und folgen (ebd.). In der Positiven Psychologie dagegen muss der Ratsuchende viel aktiver sein – selbst Entscheidungen treffen, neue Wege entdecken, schaffen und sich aneignen, um die Stärken und Tugenden im Alltag anwendbar zu machen (Seligman, 2007). Das alles verlangt viel mehr die Kraft des Willens, ein Prozess des Lernens und einer aktiven Veränderung (ebd.). Diese Behauptung Seligmans kann zwar für die auf der Psychoanalyse basierten klinischen Psychotherapiearten stimmen, aber nicht für die ressourcenorientierten psychotherapeutischen Ansätze, die hier in Deutschland und Europa existieren.

Seligman definiert den Hauptunterschied zwischen anderen klinischen psychologischen Ansätzen und der Positiven Psychologie neben der Betonung auch in der Zielsetzung. Die klinische Psychologie versucht einen Menschen wieder in einen Normalzustand zu bringen („zu heilen"), wobei die Positive Psychologie persönliche Stärken und Tugenden betont, um einen Ratsuchenden nicht nur zu heilen, sondern ihm zu helfen, aktiv und dauerhaft glücklicher und erfolgreicher zu werden (Seligman, 2007). In diesem Prozess ist es wichtig, keine allgemeine Lösung zu finden, um sie allen PatientInnen vorzuschreiben (da jeder Mensch anders ist), sondern Ratsuchende zu ermutigen, sich zu fragen: „Was sagt Ihnen Ihr Innerstes, Ihre innere Weisheit, Ihr innerer Arzt" (Reddemann, 2011, S. 47). Innere tiefe Bedürfnisse sind dabei relevant, wie PatientInnen geholfen werden kann.

2.3.3.1. Allgemeine Unterschiede und Ähnlichkeiten zwischen der Psychologie und der Seelsorge

In der folgenden Hinsicht unterscheidet sich die Seelsorge von der Psychologie: für die allgemeine

Psychologie, genauso wie bei der Positiven Psychologie, ist der Mensch die Quelle der Lösung. In der Seelsorge ist Gott diese Quelle der Lösung und Erfüllung der menschlichen Bedürfnisse. Das gilt aber nicht unbedingt für die seelsorgerischen Ansätze, die fast komplett psychoanalytisch funktionieren.[13] Die Aufgabe der christlichen TherapeutInnen / SeelsorgerInnen besteht darin, nach einem Diagnoseverfahren, den Ratsuchenden im Bereich der Lösungssuche zu helfen, ihr Vertrauen und ihren Glauben an Gott zu stärken und ihre Grundlebenseinstellung so in Einklang mit Ihm zu bringen, dass Gott durch seine positiven Werte den Menschen heilen kann. Dieser Moment fehlt in der Psychologie, obwohl manche psychologischen Forschungen festgestellt haben, dass ein positiver Glaube sehr wohl die ganze Gesundheit fördert (siehe das Kapitel „Forschung über den Einfluss des Glaubens auf die Gesundheit"). In der Seelsorge geht es nicht nur um die Psyche (»Seele«), wie in der Psychologie, sondern um den ganzen Menschen, wie es in einem Text steht:

> 1. Thess. [**5.22**] „Meidet das Böse in jeder Gestalt. [**5.23**] Er aber, der Gott des Friedens, heilige euch durch und durch und bewahre euren Geist samt Seele und Leib unversehrt, untadelig für die Ankunft unseres Herrn Jesus Christus. [**5.24**] Treu ist er, der euch ruft; er wird's auch tun."

---

[13] In Deutschland gibt es auch innerhalb der seelsorgerischen Ansätze, besonders in Kreisen der ev. Landeskirche, tiefenpsychologische Konzepte (besonders von Freud und Jung), z.B. wie von Otto Pfister und Joachim Scharfenberg, die auch innerhalb des Theologiestudiums allen Pfarrern als „Klinische Seelsorge-Ausbildung" (KSA) angeboten wird (Dietrich, 2012).

Es geht um eine positive Lebenseinstellung, die die
ganze Person und das ganze Leben umfasst. Das ist nicht nur
eine Symptombehandlung, sondern der Aufbau eines sowohl
seelischen / psychischen, als auch physischen Immunsystems.
In dem Bereich ähnelt die Seelsorge der Positiven Psychologie,
die sich auch nicht nur mit Symptomen, sondern mit dem
allgemeinen »seelischen Abwehrsystem« beschäftigt.

Das Gemeinsame bei der Seelsorge und der
Psychologie sind jedoch menschliche psychische / seelische
Bedürfnisse, die erfüllt werden sollen. Das Ziel ist ähnlich, nur
die Lösungswege etwas unterschiedlich. Deswegen ist es gut,
diese unterschiedlichen Ansätze miteinander zu kombinieren,
damit sie sich gegenseitig zu ergänzen, besonders in den
Bereichen, wo sie miteinander kompatibel sind. Trotz großer
Unterschiede, z.B. bei der Psychoanalyse und der Positiven
Psychologie, ist es möglich, diese zu verbinden: Mit der ersten
kann man eine gute Diagnose stellen, mit der zweiten eine gute
Lösung finden. Auch die Verhaltenstherapie kann man gut
damit verbinden, um schnell zum Ergebnis zu kommen, wenn
es dringend ist. Jedoch, es ist empfehlenswert, einen
kombinierten Ansatz zu entwickeln, um verschiedene Aspekte
sowohl der Diagnose, als auch der erfolgreichen Therapie zu
schaffen. Heute geht auch die christliche Seelsorge immer
mehr in die Richtung der Psychotherapie, jedoch durchaus
differenziert – einige Schulen gehen mehr in die Richtung der
reinen Spiritualität,[14] die anderen in die Richtung der
Psychoanalyse nach Freud und Jung.[15] Eine Balance ist jedoch

---

[14] Z.B.: E. Thurneysen, J. Adams und J. & P. Sandford (Dietrich, 2012)

empfehlenswert, um beide Komponenten selektiv zu kombinieren.

2.3.4. Perspektive der Positiven Psychologie bei posttraumatischem Stress

Anders als im klinischen (Krankheits-) Modell, das sich überwiegend mit den posttraumatischen Störungen beschäftigt, betont die Positive Psychologie die Resilienz und das posttraumatische Wachstum, das man als Idee schon in vielen historischen und philosophischen Quellen in der ganzen Menschengeschichte finden kann: durch Leiden entsteht ein persönlicher Gewinn (Jaffe, 1985, Yalom & Lieberman, 1991 zitiert in Joseph & Linley, 2008).[16] Obwohl die Ansätze des posttraumatischen Stresses und des posttraumatischen Wachstums unabhängig voneinander entwickelt wurden, versucht die Positive Psychologie, beide Ansätze miteinander zu verbinden und zu integrieren – und somit beides zu erreichen: sich mit Leiden und Trauma auseinanderzusetzen, aber auch konstruktiv die Stärken und Tugenden aufzubauen, mit denen das Trauma überwunden werden kann (Joseph & Linley, 2008).

Eine Integration der beiden Modelle – der Klinischen und Positiven Psychologie – ist deswegen empfehlenswert, weil man mit beiden Dimensionen, sowohl ein gutes

Fortsetzung von der vorigen Seite

---

[15] Z.B.: O. Pfister, J. Scharfenberg und W. Jentsch (Dietrich, 2012).

[16] Eine ähnliche Idee findet man im Buddhismus und im Christentum, aber auch im der europäischen Literatur (Dante Alighieri, Fyodor Dostoevsky, Kierkegaard and Nietzzsche) (Joseph & Linley, 2008).

diagnostisches (klinisches) Model, als auch einen lösungsorientierten Ansatz verwenden kann. Ein solches Model sollte im nächsten Schritt mit der christlichen Seelsorge bzw. der christlichen Psychologie integriert werden. Damit würden alle Dimensionen der psychologisch-seelsorgerischen Hilfe genutzt werden. Das ist meine Empfehlung für die weitere Forschung und Entwicklung. Ein solches Model, das etwa in diese Richtung geht, besteht hier in Deutschland bereits unter dem Namen »Biblisch-Therapeutische Seelsorge«, gegründet von Michael Dietrich,[17] die als »ganzheitliche Seelsorge« bezeichnet wird (Dietrich, 2012).

2.3.5. Ansatz der Positiven Psychologie in der Beratung in Deutschland

Obwohl die Positive Psychologie schon seit 1999 offiziell in den professionellen psychologischen Kreisen angekommen ist, hat sie das deutsche und europäische psychologische Arbeitsgebiet noch nicht so gut erreicht wie in den USA. Eine der bekanntesten Experten für Traumatherapie in Deutschland, Luise Reddemann, sagt darüber:

> "In den englischsprachigen Ländern sind die Ideen der positiven Psychologie auf breites Interesse gestoßen. Dies ist nach meinem Wissensstand in Deutschland weniger der Fall" (Reddemann, 2011, S. 42).

Dies begründet sich teilweise darin, dass viel Zeit notwendig ist, um sich aus der amerikanischen Praxis in die deutsche zu etablieren. Erst im Jahr 2004 erschien das erste

---

[17] Webseite: http://www.bts-ips.de.

Buch „Positive Psychologie" von Ann E. Auhagen über Forschungsansätze der deutschsprachigen ForscherInnen in o.g. Gebiet (ebd.). Anderseits ist die Positive Psychologie in Europa, besonders in Deutschland, nicht ganz neu, weil die Resilienzforschung schon seit den 90er Jahren vorhanden war. Nach einer ausführlichen Beschreibung der Positiven Psychologie empfiehlt Reddemann ein Gleichgewicht zwischen der Psychotraumatologie und der Positiven Psychologie, bzw. der „Gesundheitsideologie" (Reddemann, 2011, S. 45).

Die Positive Psychologie trägt zu der Traumatologie einerseits mit Prävention bei – wie verschiedene psychische Störungen und Krankheiten breit systemisch zu verhindern ist (dies befindet sich immer in einem Entwicklungsprozess). Sie betont die persönlichen Stärken, die der beste Schutz vor psychischen Störungen und Krankheiten sind. Anderseits arbeitet sie auch mit verschiedenen Schwächen, aber indirekt – nicht nur, um direkt mentale Krankheiten und Störungen zu heilen, sondern auch, um persönliche Stärken zu entwickeln, die eine heilsame Wirkung gegen psychische Störungen und Krankheiten haben (Lopez & Snyder, 2011).

Luise Reddemann fasst den Beitrag der Positiven Psychologie zur Traumatherapie folgenderweise zusammen:

> „Es bleibt jedoch das Verdienst der Positiven Psychologie in der heutigen Zeit auf der Notwendigkeit wissenschaftlicher Beschäftigung mit den gesunden Bereichen des Seelischen zu bestehen. Daher empfehle ich die Lektüre von AutorInnen wie Auhagen, Seligman und vor allem Linley & Joseph (2011)" (Reddemann, 2011, S. 51).

2.4. Traumatherapie

Obwohl Anfragen nach einer Traumatherapie überwiegend von Ratsuchenden kommen kann, ist es für alle TherapeutInnen, BeraterInnen bzw. SeelsorgerInnen wichtig, bestimmen zu können, wann eine Therapie / Beratung unbedingt nötig ist. Traumatisierende Erlebnisse und ihre Folgen sind eigentlich nur ein funktionaler Copingmechanismus der persönlichen oder Gruppenbewältigungsstrategie und daher noch kein Anlass für eine Therapie (Lanfranchi, 2004). Jede Person oder Familie hat eigene Bewältigungsstrategien und Widerstandskraft (ebd.). Die berechtigte Indikation zur Traumatherapie bzw. Beratung sind nicht traumatische Erlebnisse selbst, sondern ernsthafte Schwierigkeiten, damit weiterzuleben (ebd.). Ferner soll in Betrachtung gezogen werden, dass die Aufenthaltsunsicherheit und fehlende Lebensperspektiven in vielen Fällen eine zusätzliche psychische Belastung für Einwanderer sind (ebd.). Einerseits kann schon dadurch eine »Opferidentität« entstehen, andererseits können starre Feindbilder aufgebaut werden, was auch LehrerInnen und TherapeutInnen betreffen kann, besonders wenn die Fragestellung in der Beratung misstrauisch betrachtet wird (Lanfranchi, 2004). Vorsicht und Verständnis sind hier erforderlich.

Traumatherapie ist ein allgemeiner Begriff, der verschiedene Ausübungsweisen beinhaltet, abhängig vom jeweiligen psychologischen Ansatz. Jede Schule der Psychologie oder Psychotherapie hat ihre eigene Methodik und Zielsetzung in der Therapie. Eine bekannte Methode ist z.B.

die »Traumazentrierte Psychotherapie«, bei der sich Therapieprozess mit dem Trauma beschäftigt. Sie bezieht vier Phasen ein:

1. **Anamnese** (mit der Diagnosestellung);
2. **Stabilisierungsarbeit / Ressourcenarbeit**;
3. **Traumaexposition / Traumasynthese**; und
4. **Integration** (Passow, 2005).

Die renommierte Autorin zum Thema Trauma, Luise Reddemann, empfiehlt PITT – Psychodynamisch Imaginative Traumatherapie (Reddemann, 2011).

Wampold et al. (2010) haben eine hilfreiche Liste der Traumatherapiefaktoren und Schritte angefertigt, die für eine gelungene Behandlung der posttraumatischen Störungen wichtig sind:

o „Überzeugende psychologische Erklärungen, die für den Patienten akzeptabel sind
o Entwicklung und Förderung einer sicheren, respektvollen und vertrauenswürdigen therapeutischen Beziehung
o Gemeinsam erarbeitete Vereinbarungen über die Aufgaben und Ziele der Therapie
o Die Förderung von Hoffnung und der Aufbau eines Gefühls von Selbstwirksamkeit
o Psychoedukation über posttraumatische Störungen
o Die Möglichkeit, über die traumatischen Erfahrungen zu sprechen
o Sorge um die Sicherheit der Patienten, insbesondere im Fall von Viktimisierung, wie sie bei häuslicher Gewalt, nachbarschaftlicher Gewalt oder Missbrauch geschieht
o Hilfsangebote, wie PatientInnen lernen können, Reviktimisierung verhindern zu können

o Benennen der Ressourcen der PatientInnen, ihre Stärken, Überlebensfertigkeiten, sowie intra- und interpersonaler Ressourcen und der Aufbau von Resilienz

o Das Erlernen von Copingmechanismen

o Exposition

o Sinngebung für traumatische Erfahrungen und die Reaktionen der PatientInnen auf das Ereignis

o Zuschreibungen der PatientInnen fördern, Veränderungen sich selbst zuzuschreiben

o Ermutigung, soziale Unterstützung herbeizuführen und zu nutzen

o Prävention von Rückfällen" (Reddemann, 2011, S. 27).

Nach traumatischen Ereignissen und Verlusten brauchen Menschen etliche Zeit, um Trauer und Depression selbst zu verarbeiten. Erst danach kann man sie in der Therapie bzw. Beratung aussprechen lassen, wobei es am besten ist ihren Schmerz nicht anders zu sehen als sie selbst (Lopez & Snyder, 2011). Um sie besser verstehen zu können, braucht man ausführliche Informationen über ihre Erlebnisse, die man mithilfe detaillierter Fragen sammeln kann. Die Fragen können z.B. so aussehen:

„Notwendige" Fragen zur Biographie

Den kriegstraumatisierten Menschen fällt die Erzählung über die Kriegserfahrungen meist sehr schwer. Dennoch ist es für eine Therapie, Beratung oder Seelsorge wichtig, die nötigen Daten zu sammeln, um die Problematik genauer zu diagnostizieren und dementsprechend die nötigen Lösungen suchen zu können. Folgende Punkte können dafür hilfreich sein um den passenden Fragenbogen zu erstellen:

- Geburtsdatum (Kriegszeit, Vor- oder Nachkriegszeit)
- Geburtsort (bombardierte Stadt? Ehemalige deutsche Ostgebiete?)
- Aufenthalt während des Krieges und der Nachkriegszeit
- Wichtige Ereignisse, Erlebnisse, Erfahrungen
- Funktion oder Status des Vaters im Krieg (Täter, Mitläufer, Opfer?), Kriegsgefangenschaft, Kriegsverletzungen
- Soziale Situation und Lebensumstände der Familie am Kriegsende
- Schicksal von Familienangehörigen
- Zeichnung von Fluchtwegen
- Familienfotos
- Zeitzeugenberichte.

Verständnis für traumatisierte Personen zu zeigen, ist von enormer Bedeutung; die Ermutigung, eine neue Lebensperspektive zu schaffen, noch viel wichtiger.

2.4.1. Kriegs-/Traumatherapie

Im Prozess der Traumatherapie ist es empfehlenswert, PatientInnen am Anfang der Therapie bzw. Beratung darüber zu informieren, was ein Kriegstrauma ist und wie unser Nervensystem und Körper darauf reagieren und wie man schließlich damit umgeht. Weiterhin ist es sehr hilfreich, die Therapie oder Beratung so zu entwickeln, dass sich PatientInnen wohl und geborgen fühlen (Reddemann, 2011).

Wenn Ratsuchenden nicht über ihr Trauma reden wollen, weil es ihnen zu unangenehm ist, sollte man keinen Druck auf sie ausüben, um eine Re-traumatisierung zu vermeiden (Reddemann, 2011). Weiterhin ist es wichtig, ihnen zu erklären, warum sie sich so verhalten, wie sie es tun und dass dies ganz typisch ist (ebd.). Sich selbst besser zu verstehen dient auch der Selbstkontrolle und der Stressminderung (Reddemann, 2011). Damit schafft man eine Selbstbejahung und Würdigung, was bei traumatisierten Patienten sehr wichtig ist (ebd.), die oft mit einem Schuldgefühl belastet sind (Zahlner, 2008). Das gleiche gilt auch für die Bejahung und Würdigung der Symptomatik (Reddemann, 2011). Obwohl die traumatischen Ereignisse äußerst unangenehm sind – ein guter Weg zur Heilung ist es „mit ihnen fertig zu werden und diese ins Selbst zu integrieren, selbst wenn sich diese Versuchen später im Leben als destruktiv erwiesen haben" (Reddemann, 2011, S. 26).

2.4.1.1. Kriegstraumatherapie mit der Positiven Psychologie

Verschiedene traumazentrierte Modelle haben viele Methoden in der Kriegstraumatherapie entwickelt. Im Rahmen dieser Studie ist es nicht möglich, alle von ihnen im Detail zu bearbeiten. Deshalb geht es hier vor allem um die Positive Psychologie. Ihr Hauptbeitrag in Bezug auf die Kriegstraumatherapie ist es, einen positiven Zugang zu der Problematik zu erreichen und persönliche Ressourcen und Gewinnpotenziale nach den traumatischen Erlebnissen zu betonen. Elemente dieser positiven posttraumatischen

Entwicklung können folgenderweise zusammengefasst werden:

1. Joseph und Linley betonen besonders die Arbeit an **Menschenbildern,** die unbedingt in der Traumatherapie bearbeitet werden sollen (Reddemann, 2011).

2. Tedeschi und Calhoun haben einen besonders großen Beitrag dem Konzept »**traumatic growth**« gegeben (Reddemann, 2011) [siehe das Kapitel „Posttraumatisches Wachstum"]. Das bedeutet, dass es in der Kriegstraumatherapie sehr wichtig ist, sich nach positiven Veränderungen zu erkundigen, „die in Richtung von mehr seelischer Reife gehen und die erkennbar durch traumatische Erfahrungen angestoßen wurden" (Reddemann, 2011, S. 47f). Alle BeraterInnen sollen auch bereit sein, sich das Leiden und das Trauma der Ratsuchenden anzuhören (ebd.), um die eigene Bereitschaft zum Verständnis zu zeigen. Ein weiterer Schritt ist die Erkennung der positiven Momente, die daraus entstanden sind.

3. Linley (2003) betont die **Weisheit** als Prozess und als Ergebnis der Anpassung an das Trauma (Reddemann, 2011). Baltes hat für die Weisheit ein ähnliches Konzept entwickelt :

> „[...] reiches Faktenwissen sowie reiches prozedurales Wissen über die Tatsachen des Lebens. Das Wissen über Lebenszusammenhänge, Beispielserziehung, Familie und Arbeit. Gegenüber verschiedenen Werken und Ansichten in Glaubensdingen. **Die Anerkennung und der Umgang mit den Ungewissheiten des Lebens.** [Hervorhebung L.R.]" (Reddemann, 2011, S. 48).

Zu diesem Konzept gehört auch die Fähigkeit, aus eigenen Fehlern oder denen anderer zu lernen (ebd.). Das Konzept der **Posttraumatischen Weisheit** als eine gelungene Anpassung an die traumatische Erfahrung hat auch drei Komponenten:

1. Ein weises Individuum erkennt, dass das Leben in dieser Welt unsicher ist und lernt dementsprechend, mit dieser Unsicherheit umzugehen (Reddemann, 2011, S. 48f). Solche Menschen sind offen für Lebensveränderungen (ebd.).

2. Weise Menschen integrieren erfolgreich ihre Affekte und Kognition, sie verstehen eigene Emotionen, sind aber auch imstande, sie intelligent zu kontrollieren (Reddemann, 2011).

3. Weise Menschen akzeptieren die Begrenzung im Leben und dadurch die Grenzen des menschlichen Lebens selbst – nämlich den Tod (Reddemann, 2011). Anderseits schätzen sie den Wert des Lebens mit seiner Zerbrechlichkeit und seinen Beschränkungen (ebd.). Dadurch lernen sie, über sich selbst hinaus zu denken – Transzendenz zu schaffen – sich auch für andere zu engagieren (Reddemann, 2011). Dazu helfen auch der höhere Lebenssinn und der Glaube an die Realität, die größer als der Mensch ist. Das kann z.B. der Glaube an Gott und das ewige Leben sein und dass alle Ungerechtigkeiten eines Tages beseitigt werden. Daraus kann auch Verständnis der schwierigen Frage nach dem Ursprung des Übels folgen, aus dem biblischen Standpunkt heraus,[18] was den Ratsuchenden hilft, zu verstehen, warum sie solche Erfahrungen erlebt haben. Das Verständnis der sündhaften

---

[18] Die meiner Erachtens nach, am plausibelsten von allen Philosophien ist.

menschlichen Natur kann auch gut helfen, das Erlebte leichter einzuordnen. Darüber mehr am Ende des Buches.

Der Weisheitsgewinn ist ein Bestandteil des Posttraumatischen Wachstums, das durch die Erfahrung einer Tragödie entsteht (ebd.). Dadurch wird auch ein besseres Verständnis des Lebens erreicht und man wird dazu bewegt, das Leben erfüllter zu leben (ebd.). Dadurch können auch salutogenetische Komponenten entstehen (ebd.).

2.4.2. PITT – Psychodynamisch Imaginative Traumatherapie

Weil der Raum dafür nicht ausreicht, kann hier nur die bekannteste Art der Traumatherapie in Deutschland erwähnt werden, die die Forschungen der Positiven Psychologie miteinbezieht – PITT (Psychodynamisch Imaginative Traumatherapie).

2.4.2.1. Behandlungsschritte in der Traumatherapie

Hauptbestandteile des PITT-Prozesses sind die folgenden:

- Vertrauen / Beziehung aufbauen
- Übertragung und Gegenübertragung
- Trauma und Trauma-Prozesse erkennen und konfrontieren
- Täter-Opfer-Täter-Entwicklung erkennen und verhindern
- Ressourcenorientierung

- Selbstbestimmung, Würde und Resilienz-Aufbau
- Gefühlskontrolle – emotionale Intelligenz
- Imaginationsübungen
- Rehabilitation
- Integrationsphase (Reddemann, 2011).

In diesem Therapieprozess sind offensichtlich beide Ansätze vorhanden: Psychoanalyse und Positive Psychologie, aber auch andere ressourcenorientierte Ansätze. Dies ist ein Integrationsmodellbeispiel, wie man mehrere Ansätze miteinander vereinbaren kann.

2.5. Forschung zum Thema Positive Psychologie in der Trauma- und Kriegstrauma-Therapie

Die Bedingung, mit traumatisierten Menschen erfolgreich zu arbeiten, ist es, ihr Auffassungsvermögen und ihre Aufmerksamkeit zu erweitern, um ein breiteres und positiveres Bild sehen zu können. Verschiedene Forschungen mit positiven Gefühlen zeigen, warum es wichtig ist, die Aufmerksamkeit zu erweitern.

„Wissenschaftlern an der Brandeis University in Boston, Massachusetts, gelang es, unsere Entdeckung, dass positive Emotionen die Aufmerksamkeit der Menschen steigern, ebenfalls zu verifizieren, und zwar durch die Methode der Blickbewegungsregistrierung (Eye-Tracking)" (Fredrickson 2011, S. 82).

Die gleiche Forschung zeigt, dass negative Stimmung, ausgelöst durch aversive, abstoßende Bilder, sogar gesteigerte

Aufmerksamkeit sofort zunichtemacht (Fredrickson 2011). Deswegen ist es wichtig, den Therapieprozess absichtlich zu steuern und negative Bilder und Erinnerungen einzuschränken.

Bei einem Trauma ist es entscheidend, wie sich jemand an seine Vergangenheit erinnert – zufrieden bzw. stolz, oder erbittert bzw. verschämt; dies ist von Erinnerungen abhängig (Seligman, 2007). Die Erinnerungen sind die Hauptquelle der heutigen Gefühle und damit auch des psychischen Zustands (Seligman, 2007). Positive Erinnerungen schaffen Lebenszufriedenheit, negative Erinnerungen dagegen, besonders in Bezug auf die Ungerechtigkeit der Täter, negative Gefühle, sogar Wut und Rachsucht (Seligman, 2007). Um die Zufriedenheit mit dem Leben zu verbessern, ist es wichtig, die guten Erinnerungen an die Vergangenheit zu betonen und folgendes zu intensivieren: ihre Intensität, ihre Häufigkeit und ihre Etikettierung (ebd.). Der einzige Weg, unserem Gehirn zu verhelfen, sich aus den negativen Emotionen zu befreien, ist die **Vergangenheit umzuschreiben**: durch Vergebung, Vergessen oder Unterdrücken der negativen Erfahrungen (Seligman, 2007). Es gibt keinen bekannten, direkten Weg, wie Gedanken und Erinnerungen absichtlich gelöscht werden könncn (Seligman, 2007). Versucht man etwa, in den nächsten fünf Minuten nicht an einen weißen Bären zu denken, funktioniert dies nicht (ebd.). Genauso ist es sehr schwer, die ungerechten Taten und Ereignisse zu vergessen. Anderseits gibt es mehrere Gründe, warum viele Opfer ihren Tätern nicht vergeben wollen:

> „Forgiving is unjust. It undermines the motivation to catch and punish the perpetrator, and it saps the righteous

anger that might be transmuted into helping other victims as well.

Forgiving may be loving toward the perpetrator, bit it shows a want of love toward the victim.

Forgiving blocks revenge, and revenge is right and natural" (Seligman, 2007, S. 75).

Vergebung kann eigene Bitterkeit in Neutralität oder sogar in positive Erinnerungen transformieren, was zu einer Trauma-Überwindung und zu einer Lebenszufriedenheit führen kann (Seligman, 2007). Den Forschungen zufolge zeigt sich, besonders im kardiovaskulären Bereich, dass es einer Person, die vergibt, viel besser geht als einer Person, die das nicht kann – eine Gegensätzlichkeit zwischen mangelnder Vergebung und Lebenszufriedenheit (ebd.). Andere Forschungen zeigen dagegen, dass bei sehr großen Gewalterfahrungen und starken seelischen Wunden durch Vergebung sogar negative Auswirkung auf die Gesundheit entstehen (Lopez & Snyder, 2011, S. 454). In einzelnen Fällen übernimmt die soziale Unterstützung eine entscheidende Rolle, ob das Opfer dem Täter vergeben, oder sich an diesem rächen soll (ebd.). In welchem Maße jemand bereit ist, eine Untat zu vergeben, ist auch von der Persönlichkeitsstruktur, dem Wertsystem und der Schwere der Tat abhängig (ebd.). Das ganze Gebiet ist noch immer Neuland in der Psychologie (ebd.). Deswegen ist die Frage nach der Vergebung vorsichtig zu behandeln.

Im Kapitel über die Positive Psychologie wurden Ergebnisse und wichtige Momente der Hauptforschungen im

Bereich des Traumas und besonders des Kriegstraumas aufgeführt:

- Arbeit an einer positiven Anpassung an neue Umstände,
- Arbeit an positiven Gefühlen,
- Entwicklung der Charakterstärken und Tugenden,
- Arbeit am Resilienz- und Posttraumatischen Wachstumsaufbau,
- Arbeit an einem positiven Lebenssinn,
- Arbeit an einer Selbsterneuerung in der Traumatherapie.

In der Arbeit mit traumatisierten Ratsuchenden hat die Methodik der Positiven Psychologie in der Kriegstrauma-Therapie gute Erfolge erzielt (Joseph & Linley, 2006).

2.5.1. Resilienz

Ein Begriff, der unausweichlich im Kontext der Traumatherapie vorkommt ist »Resilienz«. Darunter wird seelische Widerstandskraft verstanden, ursprünglich vom lateinischen Begriff »resilio« – „ich springe zurück" – „nämlich in den Zustand vorhergehenden Wohlbefindens diesen neu zu entdeckenden." (Reddemann, 2011, S. 28). Sie wird „aus dem Verhältnis zwischen Risiko- und Schutzfaktoren" (ebd.) bestimmt, bzw. zwischen der traumatischen Belastung und den Schutzreaktionen. Bei jedem Mensch besteht dennoch eine Grenze, bei der die Traumabelastung die Resilienzkraft übersteigen kann. Deswegen ist es die Aufgabe der Traumatherapie, diese

Grenze höher zu setzen, damit die Psyche der Ratsuchenden nicht unnötig leiden und eventuell erkranken muss (ebd.).

Einige Pioniere der Resilienzforschung sind:

- **Aaron Antonowsky** in seiner Forschung über die »Salutogenese«, die Lehre über die Entstehung der Gesundheit (Reddemann, 2011),
- **Emmy Werner** und **Ruth Smith** mit ihrer »Kauhai-Studie« (Reddemann, 2011),
- **Mihaly Csikszentmihalyi** mit seiner zehnjährigen Forschung »Flow« (Csikszentmihalyi, 1993) – „die Form des Glücks, auf die wir Einfluss haben" (Huhn, 2011), und weitere (Reddemann, 2011, S. 28).
- Dazu kommt auch »**traumatic growth**« – „traumatisches Wachstum" von **Joseph** und **Linley** aus neuesten neuropsychologischen Forschungen (Joseph & Linley, 2008).

Alle diese Forschungsgebiete gehen in die Richtung des seelischen Gesundheitsaufbaus und nicht in die Richtung irgendwelcher Krankheit. Diese Studien werfen folgende Fragen auf:

> „Wie schaffen es Menschen, trotz Belastungen, gesund zu bleiben oder wieder gesund zu werden? Was tun seelisch gesunde Individuen, das weniger Gesunde von ihnen lernen könnten?" (Reddemann, 2011, S. 28).

Das ist die Herausforderung der Traumatherapie und ebenfalls dieser Studie. Obwohl das Ziel der Traumatherapie eine Verbesserung des seelischen Wohlstands der Ratsuchenden ist, bedeutet die Resilienz nicht unbedingt „[…] andauerndes Wohlgefühl, sondern **Widerstandskraft**

[Hervorhebung – DM]" gegenüber seelischen Belastungen (ebd.). Die Bielefelder Studie von Lösel und seinen Mitarbeitern zeigt die entscheidenden Resilienzfaktoren:

> „[…] aktive Bewältigungsbemühungen, kognitive Kompetenzen, Erfahrungen der Selbstwirksamkeit, positives Selbstwertgefühl, Flexibilität und vor allem, stabile emotionale Beziehungen" (Reddemann, 2011, S. 29).

Eine Resilienz-Einstellung zu haben bedeutet, Krisen zu akzeptieren, weil „[…] dadurch Energie freigesetzt wird, die sonst für innere Kämpfe gebraucht wird" (Reddemann, 2011, S. 30). Dafür aber braucht eine Person genug Zeit, etwas Derartiges durch eine optimistische und vorausplanende Haltung zu entwickeln, ohne sich selbst ständig die Schuld zu geben (Reddemann, 2011, S. 30).

Die heutige Persönlichkeitspsychologie bezeichnet solche Menschen als resilient, die eines der drei häufigsten Big-Five-Persönlichkeitsprofile[19] aufzeigen, nämlich einen niedrigen Neurotizismus-Wert und leicht überdurchschnittliche Werte in den anderen vier Dimensionen: Extraversion, Offenheit für Erfahrungen, Verträglichkeit und Rigidität / Gewissenhaftigkeit (Robins et al., 1996; zitiert in Wikipedia, 2012).

> „In der Längsschnittstudie von Asendorpf und van Aken (1999) wurden resiliente Kinder von ihren Erzieherinnen beschrieben als anpassungsfähig, belastbar, aufmerksam,

---

[19] Ein Modell der Persönlichkeitspsychologie, das fünf Faktoren bzw. Hauptdimensionen der Persönlichkeit analysiert: Neurotizismus, Extraversion, Offenheit für Erfahrungen, Verträglichkeit und Gewissenhaftigkeit (Wikipedia, 2012).

tüchtig, gescheit, neugierig und voller Selbstvertrauen" (Wikipedia, 2012).

2.5.1.1. Forschungen über die Resilienz

Verschiedene Studien machen es deutlich, dass sich resiliente Menschen leichter an Veränderungen anpassen, „sich angesichts zu erwartenden Bedrohungen weniger Sorgen machen und schneller wieder erholen" (Fredrickson, 2011, S. 138).

> „Solche Menschen reagieren auf das was jetzt geschieht, und nicht auf das Was-wäre-wenn. Sie verschwenden keine Energie, indem sie sich Sorgen um die Zukunft machen. Stattdessen nehmen Sie eine abwartende Haltung ein und gehen davon aus, dass sie mit den Herausforderungen, die auf sie warten, schon irgendwie fertig werden. [...] Sie minimieren ihre Angst, indem sie Sorgen und fixe Ideen ausblenden und sich stattdessen auf die Realität des gegenwärtigen Augenblicks konzentrieren" (Fredrickson, 2011, S. 138).

Sie bemühen sich auch, im Schlechten etwas Gutes zu finden (ebd.). Der Gegensatz zur Resilienz wird »Vulnerabilität« genannt, mit der Bedeutung, dass jemand durch äußere Einflüsse leichter verletzt wird, was zu stärkeren psychischen und physischen Erkrankungen führt (Wikipedia, 2012).

Um die persönliche Resilienzkraft zu messen, haben die amerikanische Psychologen Jack Block und Adam Kremen von der University of California nach über fünf Jahrzehnten ihrer Forschung eine Resilienzskala (ER89) mit 14 Punkten entwickelt, um zu prüfen, „wie normale Menschen mit den

Höhen und Tiefen des Lebens fertig werden" (Fredrickson, 2011, S. 128). In ihr ist besonders die Bereitschaft gefragt, sich auf etwas Neues einzulassen (Fredrickson, 2011). Unter anderem werden auch die Gefühle in Bezug auf eine unangenehme Lebenssituation untersucht. Bei den Menschen mit Resilienz ist eine positive Lebenseinstellung besonders auffallend (Fredrickson, 2011). Dadurch schaffen sie es, auch nach schweren Lebensschlägen, ein höheres Maß an Optimismus, Gelassenheit und Entspannung (Fredrickson, 2011) zu behalten, oder sogar neu zu entwickeln.

Eine andere Untersuchung im Labor, bei der zunächst negative „Bedrohungen" (durch abstoßende Bilder) simuliert wurden und anschließend eine Herzkreislaufuntersuchung stattfand, hat deutlich gezeigt, dass solche Menschen sich schneller erholen (Fredrickson, 2011). Genauso wurden die Gehirnaktivitäten vor und nach den stressigen Situationen gescannt und dabei wurde festgestellt, dass resiliente Menschen eine schnellere Entspannung erlebt haben. Es ist besonders auffallend, dass es keine Unterschiede zwischen den beiden Probegruppen in ihren Reaktionen beim Betrachten der abstoßenden Bilder gab – nur in der Erholungsphase (Fredrickson, 2011). Das bedeutet, dass es keine emotionale Distanz bei den resilienten Menschen gab (ebd.). Auch resiliente Menschen kämpfen mit negativen Gefühlen wie Angst, Wut und Trauer (ebd.). „Doch inmitten ihres Leidens und ihrer Sorge erlebten sie auch positive Gefühle" (Fredrickson, 2011, S. 130). Sie haben „Freude, Liebe und Dankbarkeit wenn sie mit anderen Menschen zusammen waren" (Fredrickson, 2011, S. 130) erlebt. Ihr Herzkreislauf und ihre Gehirnaktivitäten haben sich lediglich schneller erholt (ebd.). „Personen mit einer resilienten Persönlichkeitsstruktur sorgten sich weniger, was wiederum eine schnellere Erleichterung bedeutete" (Fredrickson, 2011, S. 130). Das ermöglicht solchen Menschen eine schnellere Anpassung an Veränderungen (ebd.). Eine Zusammenfassung stellt ihre Lebenseinstellung so dar:

- Solche Menschen schätzen das Jetzt und sind fähig, „sogar im Schlechten etwas Gutes zu finden" (ebd.),
- sie hoffen auf eine positive Zukunft (Fredrickson, 2011),
- ihre positive Grundeinstellung beschützt sie vor der Abwärtsspirale der Depression und ermöglicht ihnen inneres Wachstum trotz ihrer Probleme und ihres Leiden (Fredrickson, 2011).

Der Terroranschlag in New York am 11. September 2001 war ein passender Anlass für die Resilienz-Forschung. Barbara L. Fredrickson, die Professorin für Psychologie an der University of North Carolina in Chapel Hill, USA, hatte eine Testgruppe von etwa 100 Collegestudenten vor dem Terroranschlag auf ihre Resilienz getestet. Nach dem Terroranschlag wollte sie die gleiche Gruppe wieder in Hinblick darauf prüfen, wie sie diese schwere Krise überwunden haben und damit überprüfen, inwiefern die früheren Resilienz-Werte nun wirkungsvoll waren (Fredrickson, 2011). Das Testverfahren wurde mittels des Resilienz-Fragebogens von Block und Kremen durchgeführt, um die Charakterzüge, die für die psychische Widerstandskraft eines Menschen verantwortlich sind, durch verschiedene

Befragungen über ihre Emotionen nach dem Terroranschlag zu messen (Fredrickson, 2011). Ihre psychologische Stärke, einschließlich Optimismus, Gelassenheit und Lebenszufriedenheit wurden auch gemessen (ebd.). Studenten, die hohe Resilienz-Messwerte und damit einen resilienten Persönlichkeitstyp hatten, haben sich auch nach dem Terroranschlag als widerstandsfähig bewiesen (ebd.). Sie haben sich schneller erholt als andere mit niedrigeren Resilienz Messwerten (ebd.).

> „In mancherlei Hinsicht entwickelten sie nach den Terroranschlägen sogar ein höheres Maß an psychischer Stärke. Sie wurden optimistischer, gelassener und empfanden ihr Leben als erfüllter. Menschen mit resilienter Persönlichkeit kommen offensichtlich besser zurecht als der Rest" (Fredrickson, 2011, S. 129)

Dies hat bestätigt, dass resistente Menschen sich auch in solchen schwierigen Situationen schneller erholen, weil sie eine höhere emotionale Flexibilität und Komplexität haben (Fredrickson, 2011). Eine positive Lebenshaltung geht offensichtlich mit der Resilienz einher und hilft den betreffenden Menschen, sich von Rückschlägen schneller zu erholen (Fredrickson, 2011).

Diese Forschung hat deutlich gezeigt, dass auch resiliente Menschen mit gleichen negativen Emotionen kämpfen wie alle anderen: Wut, Angst und Trauer (Fredrickson, 2011). Neben gleichermaßen negativen Gefühlen, haben sie dazu auch Sorge und Sympathie für die Angehörigen der Opfer (ebd.). Zusammen mit anderen leidenden Menschen haben die resilienten Studenten auch

Freude, Liebe und Dankbarkeit erlebt (ebd.). Diese Augenblicke positiver Gefühle waren verantwortlich dafür, dass sie ihre negativen Emotionen verkraftet haben (Fredrickson, 2011). Dadurch ist die genannte Theorie von Fredrickson, dass positive Emotionen und Grundeinstellung resilienzfördernd wirken, bestätigt (ebd.).

In stressigen Situationen widmen sie sich nicht den negativen Gefühlen, sondern halten an positiven fest (Fredrickson, 2011). Ihre Emotionen sind komplexer, so dass ihre positive Grundeinstellung parallel mit negativen Emotionen einhergeht (ebd.). Resiliente Menschen nutzen ihre besten Ressourcen auch in schwierigen Situationen (ebd.).

Welche **körperlichen Reaktionsunterschiede** macht die Resilienz bei Menschen? – Laborstudien von Fredrickson zeigen, dass Angst unseren Blutdruck steigen lässt (Fredrickson, 2011). Die Studie hat jedoch gezeigt, dass unser Nervensystem einen »Reset«-Knopf hat, um die negativen Gefühle zu löschen und den hohen Blutdruck zu senken: das sind unsere positive Gefühle (siehe: Fredrickson 2011, S. 133f). Sie können negative Reaktionen beruhigen und Herzrasen verlangsamen (Fredrickson, 2011). Dazu trägt auch eine positive Haltung bei, die die negativen Gefühle bremst (Fredrickson, 2011). Diese Entdeckung kann vielen Menschen mit Herzerkrankungen auf psychosomatischer Basis helfen (ebd.). Menschen ohne resiliente Persönlichkeitsstruktur haben dagegen Probleme mit der Herzschlagfrequenz (ebd.).

Eine andere Studie von Dr. Christian Waugh, durchgeführt mit einem Verfahren, das als Magnetresonanztomographie (fMRT) bezeichnet wird, zeigt, inwiefern sich Gedankenstrukturen und Gehirnaktivitäten bei resilienten und nicht resilienten Menschen voneinander unterscheiden (Fredrickson, 2011, S. 136). Bei Menschen mit einer resilienten Persönlichkeitsstruktur konnten sich Puls und Blutdruck parallel mit ihrem Inselkortex (ein Teil des Gehirns) nach einer negativen Erfahrung schneller erholen und normalisieren (ebd.).

Das zweite Ergebnis hat gezeigt, dass bei unangenehmen Symbol-Phasen bei resilienten Probanden die Hirnaktivität in der Region Orbitofrontaler Cortex (OFC), zuständig für die Sorgen, weniger aktiv war (Fredrickson, 2011).

Das dritte Ergebnis dieser Studie hat gezeigt: je stärker die Aufregung „über eine mögliche negative Erfahrung" war, desto langsamer und länger waren die Erholungsphase (Fredrickson, 2011). Da die resilienten Personen sich weniger Sorgen gemacht haben, konnten sie sich schneller erholen (ebd.). Der Unterschied lag nicht in den Reaktionen bei den unangenehmen Impulsen, sondern in der emotionalen Dynamik (Fredrickson, 2011) – resiliente Menschen erwiesen eine größere seelische Elastizität.

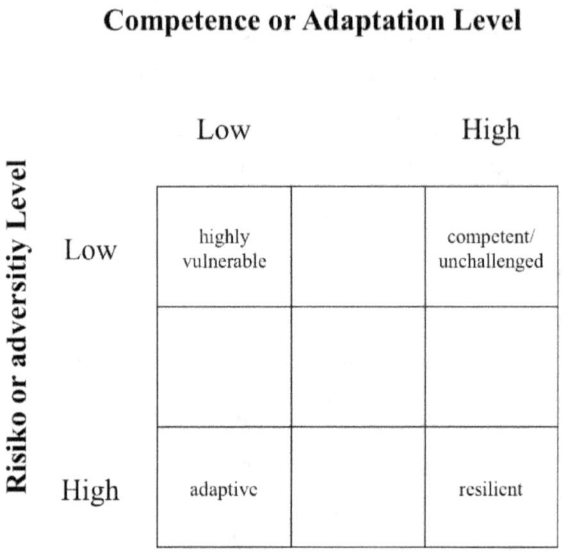

Competence or Adaptation Level

	Low		High
Low	highly vulnerable		competent/ unchallenged
High	adaptive		resilient

Risiko or adversitiy Level

Abbildung 7: Resilienzmodell („Figure 6.3")
(Lopez & Snyder, 2011, S. 80)

Ein interessantes Modell der Resilienz ist durch empirische Forschung mit verschiedenen Kindern entwickelt worden:

• "Full diagnostic models of resilience classify children on the two major aspects of individual lives: good outcomes and adversity/risk. **Figure 6.3** illustrates this model. In the Project Competence study of resilience (Masten et al., 1999), this strategy was used to complement the variable-focused analyses. Figure 6.3 a full diagnostic model of resilience that identifies groups by two sets of criteria for (a) **adversity level** and (b) good outcome or **competence** on one or more criteria. Of greatest interest are comparisons of the "corner" groups: the **resilient**, who are high on both adversity and good outcomes; the **maladaptive**, who are high on adversity but have negative outcomes; the **competent/challenged**, who are low on adversity with good outcomes; and the **vulnerable**, who do not do well even though adversity is low" (Lopez & Snyder, 2011, S. 80).

2.5.1.2. Resilienz aufbauen

Resiliente Menschen unterscheiden sehr wohl zwischen positiven und negativen Gedanken und Emotion (Fredrickson, 2011). Dies ist keine selbstverständliche Fähigkeit. Das kann und soll bei den Ratsuchenden entwickelt und erlernt werden.

Aufgrund der vorgestellten Studien ergibt sich, dass der eigene positive Quotient (positive Gefühle im Verhältnis zu den negativen – 3:1) erhöht werden soll, um die eigene Resilienz zu erhöhen (Fredrickson, 2011). Diese Steigerungsmöglichkeit wurde mit Ermittlung der Resilienzwerte zu Beginn und zum Abschluss der Studie empirisch festgestellt (Fredrickson, 2011).[20]

Binnen eines Monats konnte bereits festgestellt werden, dass positive Gefühle die Resilienzwerte erhöhen (Fredrickson, 2011). Auch Probanden mit niedrigeren Resilienzwerten konnten durch begleitende Ermutigung offener auf Notsituationen reagieren und eine positive Einstellung erreichen (ebd.). Auch Menschen mit schwierigsten Schicksalsschlägen haben es geschafft, ihre Ängste und negativen Gedanken mit positiven zu ersetzen, durch ein aktives Pflegen von „[…] Freude, Heiterkeit, Inspiration und

---

[20] Auf der Webseite www.PositivityRatio.com steht ein solcher Fragebogen zur Verfügung.

Stolz in ihrem Alltag [...]" (Fredrickson, 2011, S. 141). Unglücklicherweise konnten nicht alle Patienten resiliente Fähigkeiten entwickeln. Das ist das Risiko jeder Therapie, Beratung und Seelsorge.

Für eine schnellere, sowohl physische, als auch seelische Genesung ist es wichtig, den Kontakt mit dem, was resilienzfördernd ist, zu pflegen:

- mit der Natur,
- mit positiv orientierten Menschen,
- mit positiven Erinnerungen (an geliebte Menschen, Orte, Aktivitäten und Ereignisse),
- mit der Ästhetik und Schönheit, mit angenehmen Sinnes-Stimulanzien (Geschmack, Geruch, Musik usw.) und
- allem, was positiv auf die Psyche einwirkt (Fredrickson, 2011).

Bedingt durch Traumatisierung haben Menschen erhöhte Bedürfnisse, hauptsächlich nach einer liebevollen Unterstützung. Demzufolge ist es die Aufgabe der Traumatherapie, Beratung oder Seelsorge, die Situation der Ratsuchenden systemisch zu analysieren und praktische Lösungen zu finden, um ihre konkreten Bedürfnisse zu erfüllen. Die Zusammenarbeit mit Familienmitgliedern kann eine große Unterstützung in der Traumatherapie sein, um Offenheit der Ratsuchenden für andere zu entwickeln, was sehr hilfreich für die Überwältigung der Bindung an das Trauma sein kann.

Um die Resilienzkraft des Individuums zu entwickeln, genügt nicht nur persönliche innere Stärke; ein unterstützendes soziales Netzwerk der ganzen sozialen Gemeinschaft ist erforderlich (Fredrickson, 2011). Positive Gefühle sind nicht nur innerhalb einer Person ausschlaggebend, sondern auch zwischen Menschen untereinander. Positive Worte und Taten beeinflussen das Herz sehr positiv und verursachen positive Gefühle bei den Hilfsbedürftigen (Fredrickson, 2011). Die entstehende Aufwärtsspirale bringt Menschen näher zueinander (Fredrickson, 2011). Dementgegen führt eine negative Abwärtsspirale auf einen dunklen und einsamen Weg, in eine tiefe Isolation von der Gemeinschaft der hilfsbereiten Menschen (ebd.).

Ein weiterer Unterschied zwischen resilienten und nicht resilienten Menschen liegt in der grundlegenden Reaktionsweise auf aktuelle Probleme: Verzweiflung oder Hoffnung (Fredrickson, 2011). Verzweiflung vermehrt negative Gefühle wie Angst, Unsicherheit, Stress, Trauer und Scham (ebd.). Diese Abwärtsspirale kann sehr schnell zum absoluten Abgrund der Destruktion führen (Fredrickson, 2011). Die Einstellung der Hoffnung dagegen ist konstruktiv, lösungsorientiert und eröffnet innerlich neue positive Empfindungen (ebd.). Sie führt zu einer schnelleren Erholung von negativ erlebten Ereignissen, einer Verstärkung der Ressourcenanalyse (ebd.).

Es scheint, dass genetische Veranlagung auch eine wichtige Rolle für die Resilienz spielt (Fredrickson, 2011). Solche genetisch vorbestimmten resilienten Menschen sind allgemein als Optimisten bekannt. Auch in schwierigsten Situationen pflegen sie gute Gefühle (ebd.). Dennoch kann jeder Mensch Optimismus entwickeln. Nach der Auffassung der Positiven Psychologen ist eine optimistische und positive Lebenseinstellung genetisch bei allen Menschen veranlagt (Fredrickson, 2011, S. 146). Deswegen sind sie der Ansicht, dass jeder Mensch diese Fähigkeit schon in sich trägt (ebd.). Der entscheidende »Umkipp-Punkt« (englisch Tipping-Point) zwischen der inneren Angeschlagenheit und blühender mentaler Gesundheit, so wie zwischen dem Eis und dem Wasser (0° Celsius), ist der 3-zu-1-Quotient – „eine magische Zahl in der menschlichen Psychologie", eigentlich eine Naturgesetzmäßigkeit der menschlichen Psychologie (Fredrickson, 2011, S. 149). Das heißt, dass ein durchschnittliches Verhältnis von drei Mal mehr positiven gegenüber negativer Gefühle, Gedanken und Erlebnisse besteht. Das bedeutet, dass man bewusst trainieren soll, positive, resilienzfördernde Momente zu pflegen und die negativen konstruktiv zu überwinden.

Wenn es um Ehepaare geht, ist der »Umkipp-Punkt« noch höher. John Gottman, einer der führenden Eheexperten, hat durch seine empirische Forschung in seinem „Ehelabor" den positiven Quotienten 5 zu 1 (fünf positive Erfahrungen gegenüber einer negativen in der Ehe) als den Schlüssel des Eheerfolgs gefunden (Fredrickson, 2011, S. 161).

Zu ähnlichen Ergebnissen kam auch der Wissenschaftler Robert Schwartz. Er hat diesen Quotienten bei depressiven Patienten jede Woche vor und nach der Therapiezeit gemessen, mit Fragebögen über ihre Gefühle, die entweder medikamentös oder mit einer Kognitiven Verhaltenstherapie behandelt wurden (Fredrickson, 2011). Alle zwei Wochen wurden sie von einem unabhängigen medizinischen Team bewertet (ebd.). Bei den Patienten, die komplett von Depression befreit wurden, lag der positive Quotient bei 4,3 zu 1 (Fredrickson, 2011, S. 162). Bei den Patienten mit einem durchschnittlichen Heilerfolg lag der Quotient bei 2,3 zu 1 (Fredrickson, 2011). Bei nicht geheilten Patienten nach der Therapie lag der positive Quotient 1:1 (Fredrickson, 2011).

Damit zeigen verschiedene unabhängige Studien, dass es in Arbeitsteams oder in einer Partnerschaft wichtig ist, dass positive Gefühle und Erfahrungen mindestens dreifach die negativen übersteigen (Fredrickson, 2011). Dieser Quotient ist auch ein »Umkipp-Punkt«, unter dem der Wert der positiven Gefühle nicht mehr so wirksam ist (ebd.). Bei schlechteren Werten sind positive Gefühle für solche Menschen „nutz- und wirkungslos" (Fredrickson, 2011, S. 164). Positiven Emotionen haben dagegen Offenheit und Wachstum ermöglicht (Fredrickson, 2011). Das ist auch die entscheidende Grenze, bei der sich der Blickwinkel des Betrachtens verengt oder verbreitet (ebd.).

Wissenschaftliche Belege zeigen deutlich, dass negative Gefühle und Erfahrungen eine negative Wirkung haben; daher ergibt sich hieraus die Frage: warum sollten solche negativen Elemente im Leben nicht komplett vermieden werden? Wenn ein positiver Quotient von 3 zu 1 oder sogar 5 zu 1 gesund ist, warum könnte nicht 100 zu 1 ein Ideal werden (Fredrickson, 2011)?

Demgegenüber steht die Tatsache, dass so was auf dieser Erde absolut unmöglich ist (Fredrickson, 2011). Negative Gefühle haben in einzelnen Konstellationen einen berechtigten Platz in unserem Leben. Nach einem Verlust ist es angemessen zu trauern, in einer Gefahr Angst zu spüren, oder angesichts von Ungerechtigkeit Wut und Ärger zu haben (ebd.). Angemessene negative Gefühle machen uns ehrlich und echt und sehr oft beschützen uns von Gefahren. Ohne solche Erfahrungen können Menschen einander kaum verstehen. Im Leben ist es vielfach bestätigt, dass auch eine übertriebene positive Haltung neue Probleme mit sich bringt (Fredrickson, 2011). Das ist offensichtlich, wenn z.B. Kinder nur Liebe und schöne Erfahrungen erleben, diese sind häufig verwöhnt und egoistisch. Sowohl in der Kindheit als auch in der Adoleszenz haben solche Menschen kein Mitgefühl und Mitleid mit anderen. Sie kennen das Leid nicht und haben kein Verständnis für leidenden Menschen. Auch bei vielen Menschen, die nur Freude und Spaß bevorzugen, gibt es sehr oft einen Mangel an Verantwortung und Kreativität (sog. „Spaßvogel"). Obwohl negative Gefühle und Erfahrungen dauerhaft negativ wirken, sind sie doch ein normaler Teil des Lebens. Es ist dennoch zwischen angebrachten und unangebrachten negativen Gefühlen zu unterscheiden. (Fredrickson, 2011). Durch seine Forschung hat John Gottman festgestellt,

> „[...] dass Zorn und Streit gesunde und produktive Formen der Negativität sein können, während Abscheu und Verachtung eher zerstörerisch wirken" (Fredrickson, 2011, S. 166).

Negative Emotionen und Einstellungen gehen einerseits sehr tief und dominieren die ganze emotionale

Struktur des Lebens und führen zu einer Abwärtsspirale (Fredrickson, 2011). Anderseits kann man nicht alle Probleme mit allen Menschen nur mit freundlichen Worten lösen. Deswegen müssen positive und negative Gefühle, ähnlich wie Schwerelosigkeit und Schwerkraft, in eine ausgewogene Balance gebracht werden (Fredrickson, 2011). Dies kann dadurch erzielt werden, dass die korrigierenden und energiespendenden Gefühle von zerstörerischen, die zu pathologischen Zustände führen können (wie z.B.: Depression, Phobien, Zwangsstörungen usw.), getrennt werden (Fredrickson, 2011). Eine hilfreiche wissenschaftliche Methode, wie negative Gedanken und Emotionen unter Kontrolle zu halten sind, ist es, zunächst solche analytisch zu hinterfragen.

Hilfreiche Leitfragen dazu könnten folgendermaßen lauten:

- „Wodurch sind sie [diese negative Gedanken – DM] entstanden?
- Was hat das in mir ausgelöst?
- Inwiefern stimmen diese Gedanken mit der Realität überein?
- Wie sieht die Situation tatsächlich aus?
- Wie fühle ich mich, wenn ich nur die Fakten betrachte?" (Fredrickson, 2011, S. 194).

Es ist sehr wichtig, „die Verzerrungen negativen Denkens in Frage zu stellen" (Fredrickson, 2011, S. 194). Dazu hilft eine gesunde Logik mit richtigen Prioritäten und gesunden Werten: beispielsweise – die Familie wichtiger als jeden Erfolg zu erachten; das Leben und die Gesundheit wichtiger als die Arbeit, usw. Wenn man mit gesunden Argumenten gegen negative Gedanken entgegentritt, werden sie im Keim erstickt (Fredrickson, 2011).

Bei der Fragestellung ist es von Bedeutung, endlose Grübeleien und unnötige Sorgen zu vermeiden, weil sie negative Gefühle multiplizieren und schließlich in Panikattacken führen können (Fredrickson, 2011). Um das zu erreichen, ist es wichtig, die unnötige Negativität sofort zu erkennen, wenn sie erscheint und etwas dafür zu unternehmen, die Laune zu verbessern (Fredrickson, 2011). Jeder Mensch hat seine favorisierten Aktivitäten, um Freude, Faszination und Stolz zu erzeugen (ebd.). Das hilft, einen klaren Blick zu bekommen, weil es erst dann möglich ist, reale Probleme konstruktiv zu lösen (ebd.).

Negative Gefühle aus einer emotionalen Distanz zu betrachten, erfolgt methodisch durch Achtsamkeit. Auf diese Art kann man depressiven und traumatisierten Menschen eine neue selbstüberprüfende Sicht- und Denkweise beibringen. Vom Standpunkt der bibelorientierten Seelsorge heißt es »sündhafte Natur des Menschen«. Die Sünde (das Übel) ist, laut der Bibel, durch einen Menschen, Adam, in unsere Welt gekommen und alle Menschen haben sie durch ihn genetisch vererbt bekommen.[21] Das spiegelt sich auch durch Genfehler wieder, oder durch Genmutationen. Viele vererbte Krankheiten (inklusive psychische Erkrankungen) und Abartungen bezeugen diese Tatsache, dass jeder Mensch Fehler

---

[21] Römer [**5.12**] „Deshalb, wie durch einen Menschen die Sünde in die Welt gekommen ist und der Tod durch die Sünde, so ist der Tod zu allen Menschen durchgedrungen, weil sie alle gesündigt haben."

(Mutationen) hat. Da die Gene nicht nur unseren Körper, sondern auch unsere Psyche bestimmen (durch das Nervensystem), ist jeder Mensch, laut der Bibel, weit vom ursprünglichen gesunden Zustand entfernt („verdorben")[22] und deswegen muss man sich immer wieder hinterfragen und prüfen, ob die eigenen Gedanken und Gefühle positiv oder negativ sind.[23] Obwohl sich jeder Mensch bemüht, aufrichtig zu sein und sich konsequent entweder nach eigenen oder den Prinzipien der Gesellschaft zu verhalten, ist laut der Bibel jede menschliche Gerechtigkeit weit von der Gerechtigkeit Gottes entfernt.[24] Niemand ist sündlos und dementsprechend hat keiner das absolute Recht, andere zu richten oder zu verurteilen[25]. Deswegen ist eine komplette Änderung – geistliche Neugeburt – notwendig, um zum Königreich Gottes gehören zu können.[26] Diese geistliche, innere Änderung ist

---

[22] Apostel Paulus fasst die Bibellehre über die sündhafte menschliche Natur im Römer [3.10] zusammen: „Da ist keiner, der gerecht ist, auch nicht einer. [3.11] Da ist keiner, der verständig ist; da ist keiner, der nach Gott fragt. [3.12] Sie sind alle abgewichen und allesamt verdorben. Da ist keiner, der Gutes tut, auch nicht einer" (Psalm 14,1-3).

[23] 2. Korinther [13.5] „Erforscht euch selbst, ob ihr im Glauben steht; prüft euch selbst! Oder erkennt ihr euch selbst nicht, daß Jesus Christus in euch ist? Wenn nicht, dann wärt ihr ja untüchtig."

[24] Römer [10.3] „Denn sie erkennen die Gerechtigkeit nicht, die vor Gott gilt, und suchen ihre eigene Gerechtigkeit aufzurichten und sind so der Gerechtigkeit Gottes nicht untertan."

[25] Lukas [6.37] „Und richtet nicht, so werdet ihr auch nicht gerichtet. Verdammt nicht, so werdet ihr nicht verdammt. Vergebt, so wird euch vergeben."

[26] Johannes [3.3] „Jesus antwortete und sprach zu ihm: Wahrlich, wahrlich, ich sage dir: Es sei denn, daß jemand von neuem geboren werde, so kann er das Reich Gottes nicht sehen."

ähnlich wie die psychische Umstellung, beispielsweise durch die kognitive Therapie in der Psychotherapie. Eine neue Grundeinstellung, Sichtweise und Einstellung gegenüber anderen Menschen und der ganzen Realität ist auch bei jeder Psychotherapie / Beratung notwendig. Deswegen sind Parallelen zwischen der biblischen Seelsorge und der Psychotherapie erkennbar.

Nur der Weg zur Lösung ist unterschiedlich. Fast in allen Psychotherapie-Schulen (etwa hundert) machen die Ratsuchenden mit Hilfe der TherapeutInnen alles allein in ihrer psychischen Kraft. In der Seelsorge dagegen ist der einzige Weg, wieder die ursprüngliche gesunde Natur zu erlangen – das Ebenbild Gottes[27] – durch die allmähliche Verwandlung des Charakters. Dies ist sehr ähnlich wie in der Positiven Psychologie, die den Charakter sehr stak betont. Die Charaktereigenschaften sind in beiden Ansätzen sehr identisch. Der Weg dazu ist etwas unterschiedlich. Das Ideal in der Positiven Psychologie ist ein tugendhafter Charakter, der mit einem persönlichen Gott nichts zu tun hat. Der Mensch kann ihn durch psychologisches Training und Psychotherapie erreichen. In der Seelsorge dagegen erreicht man ihn durch das vollkommene Beispiel von Jesus Christus durch die geistliche Betrachtung[28] seines herrlichen Charakters und Lebens. Das vollkommene Ideal ist übermenschlich und außerhalb des

---

[27] 1. Mose [1.27] „Und Gott schuf den Menschen zu seinem Bilde, zum Bilde Gottes schuf er ihn; und schuf sie als Mann und Weib."

[28] 1. Korinther [3.18] „Nun aber schauen wir alle mit aufgedecktem Angesicht die Herrlichkeit des Herrn wie in einem Spiegel, und wir werden verklärt in sein Bild von einer Herrlichkeit zur andern von dem Herrn, der der Geist ist."

Menschen. Deswegen ist das Beispiel von Jesus Christus neben allen psychologischen Ansätzen sehr wichtig in der christlichen Seelsorge: Wie er Menschen betrachtet hat, wie er mit ihnen umgegangen ist, wie er das Leid ertragen und verstanden hat, usw. Wenn sein Modell in der Seelsorge auf vernünftige und ausgewogene Weise verwendet wird, dann können viele schwierige Fragen und Momente leichter bearbeitet werden und die seelische Heilung kann schließlich leichter erreicht werden. Selbstverständlich, man sollte die Unterschiede zwischen seine göttliche Natur / Fähigkeiten von unseren menschlichen deutlich definieren, um nicht in das „messianische Syndrom" zu fallen.

Ein sehr wichtiger Moment in der christlichen Seelsorge ist der Einfluss des Heiligen Geistes, der eigentlich das Geheimnis der inneren, geistlichen Kraft des Menschen (Resilienz) ist. Er gibt alle nötigen inneren Charaktereigenschaften und Fähigkeiten, die notwendig für ein positives Leben sind.[29] Einerseits ist es dem Menschen nicht möglich, dieses hohe Ziel zu erreichen,[30] anderseits kann der Geist Gottes das, was uns Menschen nicht möglich ist,[31] durch diese allmähliche geistliche Veränderung im Menschen

---

[29] Galater Brief [**5.22**] „Die Frucht aber des Geistes ist Liebe, Freude, Friede, Geduld, Freundlichkeit, Güte, Treue, [**5.23**] Sanftmut, Keuschheit; gegen all dies ist das Gesetz nicht."

[30] Römer [**7.18**] „Denn ich weiß, daß in mir, das heißt in meinem Fleisch, nichts Gutes wohnt. Wollen habe ich wohl, aber das Gute vollbringen kann ich nicht. [**7.19**] Denn das Gute, das ich will, das tue ich nicht; sondern das Böse, das ich nicht will, das tue ich."

[31] Matthäus [**19.26**] „Jesus aber sah sie an und sprach zu ihnen: Bei den Menschen ist's unmöglich; aber bei Gott sind alle Dinge möglich."

bewirken.[32] Eben diese positive Änderung, Resilienzaufbau ist ein Ergebnis der Kooperation der SeelsorgerInnen und Ratsuchenden mit Gott.

Das Endergebnis einer solchen Therapie / Beratung / Seelsorge und besonders im Fall einer Integration der Seelsorge mit der Psychotherapie, d.h. eines integrativen Konzeptes, wäre viel mehr als nur eine Verheilung der psychischen Störungen und Kränkungen. Dadurch bekommt der Ratsuchende den Anteil an einer höheren **geistlichen** Natur – der Göttlichen.[33] Man lernt die Logik und den Sinn Gottes kennen.[34] Die komplette Verwandlung der ganzen Person inklusive der **physischen** Verwandlung soll nach der Bibel eines Tages bei der Wiederkunft Christi[35] geschehen – die sogenannte »Verherrlichung«.[36] Das ist eigentlich der biblische / christliche höhere Sinn des Lebens – Gott ähnlich zu werden,

---

[32] Philipper Brief [**2.13**] „Denn Gott ist's, der in euch wirkt beides, das Wollen und das Vollbringen, nach seinem Wohlgefallen."

[33] 2. Petrus [1.4] „Durch sie [die Erkenntnis Gottes – DM] sind uns die teuren und allergrößten Verheißungen geschenkt, damit ihr dadurch Anteil bekommt an der göttlichen Natur, die ihr entronnen seid der verderblichen Begierde in der Welt.

[34] 1. Korinther [2.16] „Denn "wer hat des Herrn Sinn erkannt, oder wer will ihn unterweisen" (Jesaja 40,13)? Wir aber haben **Christi Sinn** [Fett – DM]."

[35] 1. Korinther [**15.51**] „Siehe, ich sage euch ein Geheimnis: Wir werden nicht alle entschlafen, wir werden aber alle verwandelt werden; [**15.52**] und das plötzlich, in einem Augenblick, zur Zeit der letzten Posaune. Denn es wird die Posaune erschallen, und die Toten werden auferstehen unverweslich, und wir werden verwandelt werden."

[36] Philipper [3.21] „der unsern nichtigen Leib verwandeln wird, daß er gleich werde seinem verherrlichten Leibe nach der Kraft, mit der er sich alle Dinge untertan machen kann."

jetzt ethisch und in der Zukunft auch physisch. Somit gibt es eine große Kompatibilität zwischen der Seelsorge und der Positiven Psychologie:

> "A life that does this is pregnant with meaning, and if God comes at the end, such a life is sacred" (Seligman, 2007, S. 258).

Es ist selbstverständlich, dass ein so psychisches / geistliches Konzept im vollem Umfang nur bei geistlich offenen Ratsuchenden möglich wäre. Doch auch bei Menschen, die nicht geistlich orientiert sind, kann man dies, im Sinn haben, um einen größeren Beitrag zu leisten, als nur die Probleme zu behandeln.

2.5.2. Achtsamkeit (eng. *mindfulness*)

Bei der Traumazustandsanalyse (siehe das Kapitel „Trauma") ist deutlich geworden, dass die negativen Gefühle und Erinnerungen die positiven Einblicke und Erkenntnisse der positiven Lebensmomente stark einschränken (Fredrickson, 2011). Traumatisierte Menschen sind oft so stark auf ihre Leiden und ihre Trauer fixiert, dass sie das Positive weder beobachten noch erlernen können. Ein Konzentrationstraining soll hierbei helfen. Die erforderliche Methode dafür ist das Achtsamkeitstraining.[37] Obwohl sie Jahrtausende alt ist und

---

[37] „[…] Form der aufgeschlossenen Aufmerksamkeit, die sich auf den gegenwärtigen Moment konzentriert und ihm vorurteilsfrei begegnet" (Fredrickson, 2011, S. 139). Das bedeutet, „[…] inneren Erfahrungen volle Aufmerksamkeit zu schenken, ohne sie zu beurteilen" (ebd., S. 200). „Die Macht der Achtsamkeit besteht darin, dass sie in der Lage ist, das Band zwischen negativen Gedanken und negativen Gefühlen buchstäblich zu zerreißen" (ebd., S. 201).

überwiegend durch verschiedene Fernost-Meditationsübungen praktiziert wird, haben die wissenschaftlichen Forschungen des 20. Jahrhunderts festgestellt, dass sie nicht nur eine reine spirituelle Praxis aus der asiatischen Kultur ist, sondern eine wirkungsvolle Fähigkeit unseres Geistes (Fredrickson, 2011). Es gibt verschiedene Achtsamkeitsübungen, die auch in der Traumatherapie praktiziert werden. In der Positiven Psychologie und der Seelsorge kann man das durch positive Erfahrungen machen, die bei KlientInnen positive Gefühle und auch Gedanken entwickeln:

    ☐ durch den Austausch der positiven Erfahrungen mit geliebten Personen,

    ☐ durch den Austausch der physischen oder mentalen Fotos,

    ☐ durch die Erzählung der positiven Erfahrungen,

    ☐ oder durch den Ausdruck der Dankbarkeit für die positiven Gaben im Leben (Seligman, 2007).

    ☐ Fredrickson empfiehlt die „Metta-Meditation",[38] durch welche man „positive Gefühle im Kontext unserer Beziehungen zu wecken versucht [...und] das Gefühl der Liebe und Fürsorge für sich selbst und für Ihre Mitmenschen steigern kann" (Fredrickson, 2011, S. 235).

    In der Seelsorge kann die Dankbarkeit zu Gott gerichtet werden für alles, was gut und positiv im Leben ist.[39] Positiver Austausch ist genauso möglich, durch verschiedene Glaubensthemen, Gespräche, Auseinandersetzung mit

---

[38] Von Sharon Salzberg entwickelt (Fredrickson, 2011, S. 293).

[39] Kolosser Brief [**3.15**] „Und der Friede Christi, zu dem ihr auch berufen seid in einem Leibe, regiere in euren Herzen; und seid **dankbar**."

fallbezogenen Bibelstellen, auch durch das Auswendiglernen solcher ermutigender Texte und vor allem durch das Gebet (in einer Gruppe oder allein). Forschung über die praktischen Konsequenzen solcher geistlichen Praxen sind empfehlenswert sowohl in der Psychotherapie / Beratung, als auch im Bereich der Seelsorge.

2.5.3. Posttraumatisches Wachstum (engl. posttraumatic growth / PTG)

Obwohl das Trauma allgemein und besonders das Kriegstrauma schwere und dauernde posttraumatische Belastungsstörungen hinterlassen kann, ist sowohl in der Praxis als auch in der empirischen Forschung festgestellt worden, dass manche Menschen aus den traumatischen Erfahrungen psychisch wachsen können. Die erste theoretische wissenschaftliche Definition darüber haben Tedeschi und Calhoun entwickelt (Tedeschi und Calhoun, 1995, 1996, 1998 und 2004, zitiert in Zöllner, Calhoun & Tedeschi, 2006, S. 37).

„Mit posttraumatischem Wachstum sind positive psychologische Veränderungen gemeint, die von Betroffenen als Ergebnis oder Folge des Bewältigungsprozesses von extrem belastenden Lebensereignissen berichtet werden. Der Begriff posttraumatisches Wachstum betont, dass Betroffene sich nicht nur von dem Trauma erholen, sondern es als Gelegenheit für weitere persönliche Entwicklung nutzen. Sie berichten über einen Zuwachs an innerer Reife, über neu definierten Lebenssinn und positive Veränderungen ihrer eigenen Person" (Zöllner, Calhoun & Tedeschi, 2006, S. 37).

Zahlreiche Studien haben das unbestrittene Wachstum nach folgenden traumatischen Ereignisarten festgestellt:

> „Dazu zählen Trauer- und Verlusterlebnisse nach dem Tod von Familienangehörigen und Partnern (Calhoun u. Tedeschi 1989–1990, Davis et al. 1998, Edmonds u. Hooker 1992, Hogan et al. 1996, Lehman et al. 1993, Miles u. Crandall 1983, Nerken 1993, Schwab 1990), rheumatische Arthritis (Tennen et al. 1992), HIV-Infektion (z. B. Bower et al. 1998, Schwartzberg 1993), Krebserkrankungen (z. B. Collins et al. 1990, Cordova et al. 2001), Knochenmarktransplantationen (Curbow et al. 1993), Herzinfarkte (Affleck et al. 1987), Unfälle (Joseph et al. 1993), Hausbrände (Thompson 1985), sexuelle Angriffe (Burt u. Katz 1987, Frazier et al. 2001) und sexueller Missbrauch (McMillen et al. 1995), Kriegserlebnisse (Elder u. Clipp 1989) sowie Geiselhaft (Cole 1992)“ (Zöllner, Calhoun & Tedeschi, 2006, S. 38).

Posttraumatisches Wachstum hat unterschiedliche Ebenen, die sich in verschiedenen Lebensbereichen unterschiedlich manifestieren (Zöllner, Calhoun & Tedeschi, 2006). Bis heute sind fünf Bereiche des persönlichen Wachstums festgestellt worden, die auch in der Traumatherapie helfen können:

1) **intensivierte Wertschätzung des Lebens** – eine Person lernt das Wesentliche im Leben zu schätzen, aber auch kleine Dinge des Lebens zu genießen (Zöllner, Calhoun & Tedeschi, 2006);

2) **Intensivierte persönliche Beziehungen** – durch die Unterstützung nach einem Trauma kommen die Betroffenen mit bestimmten Menschen näher zueinander, wodurch die

Beziehungen an Bedeutung gewinnen. Sehr oft entsteht ein Wachstum des Mitgefühls für andere Menschen, besonders für solche in Not (Zöllner, Calhoun & Tedeschi, 2006). Demgegenüber entsteht auch eine Distanzierung und Abwendung von denen, die keine Unterstützung geben (ebd.);

3) **Bewusstwerden der eigenen Stärke** – in schwierigen Situationen lernt die betroffene Person ihre eigenen Stärken und Schwächen (Vulnerabilität) kennen. Aus der Not wachsen beide Dimensionen heraus: sowohl die Erkenntnis, dass unangenehme Ereignisse jederzeit kommen können, als auch, dass durch die positive Erfahrung die Gewissheit entsteht, mit ihnen zurechtkommen zu können (Zöllner, Calhoun & Tedeschi, 2006);

4) **Entdeckung neuer Möglichkeiten** – durch die unangenehmen Änderungen entstehen auch positive Möglichkeiten – das Wachstum im sozialen Engagement, das Erlernen eines neuen Berufes, neue Erfahrungen, neue Freundschaften usw. (Zöllner, Calhoun & Tedeschi, 2006);

5) **Intensiviertes spirituelles Bewusstsein** – durch eine persönliche Reifung entsteht auch ein neues geistliches Bewusstsein über die höheren und breiteren Rahmen des Lebens (Zöllner, Calhoun & Tedeschi, 2006, S. 38).

Für die praktische Arbeit mit diesen fünf Bereichen haben Maercker & Langner (2001) einen Interviewleitfaden der deutschsprachigen Version des Selbstbeurteilungsfragebogens "Posttraumatische Persönliche Reifung" (PPR) entworfen. Er wurde auf Basis der fünf Subskalen gemacht. Das Interview sieht folgendermaßen aus:

„**Einleitende Fragen**:

Könntest Du uns das Ereignis schildern? Wann hat es stattgefunden? Wie hast Du die Tage danach erlebt, wie waren die ersten Monate danach?

Ich möchte mit Dir im Laufe des Interviews auf einige Bereiche eingehen, in denen sich möglicherweise für dich etwas verändert hat.

Entdeckung neuer Möglichkeiten:

Lebst du deinen Alltag anders ... hast du neue Interessen entwickelt? Wie würdest du deinen Lebensweg beschreiben, glaubst du ein anderes Leben zu leben ... [Hast du] seither neue Möglichkeiten, die früher nicht möglich waren in Angriff nehmen können? Bist du jetzt eher bereit Dinge zu verändern, die geändert werden müssen?

Bewusstwerden der eigenen Stärke:

Hast du dadurch mehr Selbstvertrauen entwickelt (und inwiefern bist du dadurch stärker geworden), gehst du nun anders mit Schwierigkeiten oder Veränderungen um?

Intensivierte persönliche Beziehungen:

Wie haben sich die Beziehungen zu anderen verändert? Sind dir Beziehungen wichtiger geworden? Wie sehen die Beziehungen zu deiner Familie im Vergleich zu vorher aus? (Verbundenheit – dazu können auch andere einbezogen werden).

Kannst du dich eher in die Lage anderer versetzten? Drückst du Gefühle gegenüber anderen nun eher aus, die du vor dem Unfall für dich behalten hast?

Intensivierte Wertschätzung des Lebens:

Hast du neue Vorstellungen in Bezug darauf was im Leben wichtig und vorrangig ist? Was ist dir jetzt im

Vergleich zu vorher im Leben wichtig? Würdest du sagen, dass du die Tage nun bewusster erlebst?

Intensiviertes spirituelles Bewusstsein:

Was ist für dich Glaube?

Hat sich der Glaube oder deine Lebensphilosophie verändert? Hat er/sie einen anderen Stellenwert in deinem Leben eingenommen?

Abschließende Fragen:

Was hat sich für dich am meisten verändert?

Was hat dir gut getan?" (Scherer, Stocker, Rottensteiner & Beck, 2011, S. 14-17).

Aus der ganzen traumatischen Erfahrung entsteht ein Paradoxon – „aus einem Verlust entsteht ein Gewinn" (Zöllner, Calhoun & Tedeschi, 2006). Dadurch entsteht Lebensweisheit und Erfahrung (ebd.). Was auch sehr hilfreich sein kann, ist eine Entwicklung der Dankbarkeit. Es ist durchaus schwierig, nach traumatischen Erlebnissen Dankbarkeit zu entwickeln, es kann dennoch eine große Hilfe sein, um neue Möglichkeiten und Alternativen zu erblicken:

- "An attitude of gratitude may be one means by which tragedies are transformed into opportunities for growth, being thankful not so much for the circumstance but rather for the skills that will come from dealing with it. The ability to discern blessings in the face of tragedy is a magnificent human strength" (Lopez & Snyder, 2011, S. 467).

Forschungen von Coffman (1996) mit dreizehn Eltern, wohnhaft in Süd-Florida, nach der Katastrophe vom Hurrikan Andrew in 1992 brachten hervor, dass man auch in der Zeit der größten Verluste dankbar sein kann für das, was man nicht verloren hat (Lopez & Snyder, 2011).

Dieses Konzept unterscheidet sich von anderen positiven Konzepten, wie etwa der Resilienz oder des Optimismus darin, dass für das posttraumatische Wachstum keine schon vorhandenen positiven Persönlichkeitseigenschaften notwendig sind (Zöllner, Calhoun & Tedeschi, 2006).

„Im Unterschied dazu bezieht sich posttraumatisches Wachstum auf transformative bzw. qualitative Veränderungen, die den prätraumatischen Entwicklungslevel psychischer Funktionsfähigkeit und des Bewusstseins einer Person übersteigen. Es handelt sich um bedeutsame positive Veränderungen in kognitiven und emotionalen Fähigkeiten und im Erleben, die mit Verhaltensimplikationen verknüpft sein können" (Zöllner, Calhoun & Tedeschi, 2006, S. 39).

Das Posttraumatische Wachstum (PTG) wird theoretisch unterschiedlich konzeptualisiert. Einige Theoretiker betrachten es als **Ergebnis des Traumabewältigungsprozesses** (Schaefer u. Moos, 1992, 1998; Tedeschi u. Calhoun, 1998, 2004; zitiert in Zöllner, Calhoun & Tedeschi, 2006, S. 39). Andere dagegen sehen es als eine **Bewältigungsstrategie**, bzw. Coping-Modelle, als adaptive Strategie des Sinn- und Bedeutungsfindens (Davis et al., 1998, Park u. Folkman, 1997, zitiert in ebd.) bzw. als ein **Erklärungsmodell**, warum das Trauma geschehen ist (Filipp, 1999, zitiert in ebd.).

Die Voraussetzung für die Entstehung eines individuellen Wachstumsprozesses ist das Erleben eines so schwer erschütternden Ereignisses, dass bisherige Grundannahmen einer Person nicht mehr mit der Realität übereinstimmen und dass vorhandene Bewältigungskompetenzen nicht mehr reichen können (Zöllner, Calhoun & Tedeschi, 2006). Damit setzt ein Bearbeitungsprozess ein, der anfänglich durch eine automatische Rumination (ein „Nachkauen") der negativen Erlebnisse gekennzeichnet ist, der allmählich in ein bewusstes Reflektieren über das Trauma und sein Bedeutung übergeht (ebd.).

Obwohl Rumination in der Klinischen Psychologie mehr das Grübeln bedeutet, bevorzugen Tedeschi und Calhoun (2004) den Begriff »kognitive Verarbeitung« (engl. „cognitive processing") (Zöllner, Calhoun & Tedeschi, 2006). Das Hauptelement des persönlichen Wachstums ist das „[…] Ausmaß an bewusstem Reflektieren über das Trauma und der Wahrnehmung von persönlichem Gewinn (benefits)" (Zöllner, Calhoun & Tedeschi, 2006, S. 40). Von persönlichen Eigenschaften scheint die Offenheit und Extraversion[40] für neue Erfahrungen und eine Unterstützungskraft für das PTG erforderlich zu sein (Tedeschi u. Calhoun, 1996, zitiert in Zöllner, Calhoun & Tedeschi, 2006, 40). Dazu zählt auch das individuelle soziale System, welches neue Denk- und Betrachtungsweisen fördern und entwickeln kann (ebd.).

---

[40] „Seelische Einstellung, die durch Konzentration der Interessen auf äußere Objekte gekennzeichnet ist."
(http://www.duden.de/rechtschreibung/Extraversion, 2013, besucht am 07.02.2014)

Es ist lohnenswert, schon bei der Anamneseerhebung konkrete Veränderungen zu erfragen, welche in die Richtung der seelischen Reife und des posttraumatischen Wachstums hinausgehen (Reddemann, 2011). Dadurch kann man die Ratsuchenden schon am Anfang der Therapie / Beratung in eine positive Richtung führen – sie auf die positiven Momente in ihrer Erfahrung aufmerksam machen und sie ermutigen, das Positive in ihrem Leben zu suchen.

Diese ganze Forschung ist eine wissenschaftliche Bestätigung des Phänomens des geistlichen Wachstums durch Leiden in der christlichen Seelsorge und im geistlichen Leben. Es gibt mehrere Beispiele in der Bibel, wo Menschen durch enorm große Leiden und Bedrängnisse gewachsen sind:

- Ein besonders auffälliges Beispiel ist Josef, einer von zwölf Söhnen Jakobs, Vater vom Volk Israel. Aus starker Eifersucht auf den besonderen Status und die Beliebtheit Josefs beim Vater verkaufen seine Brüder ihn als einen Sklaven an die Ismaeliten.[41] Josef verliert nicht nur seinen erhobenen Status als zukünftiger Haupterbe, sondern seine ganze Familie, sein Zuhause und alles was er gehabt hat. Dadurch wird er ein Sklave in Ägypten. Doch der Herr ist mit ihm und segnet alles, was er tut.[42] Nach einer Zeit als Sklave beim Armeegeneral Potifar[43] versucht die Frau Potifars, ihn zu

---

[41] 1. Mose [37.27] Kommt, laßt uns ihn den Ismaelitern verkaufen, damit sich unsere Hände nicht an ihm vergreifen; denn er ist unser Bruder, unser Fleisch und Blut. Und sie gehorchten ihm. [37.28] Als aber die midianitischen Kaufleute vorüberkamen, zogen sie ihn heraus aus der Grube und verkauften ihn um zwanzig Silberstücke den Ismaelitern; die brachten ihn nach Ägypten.

[42] 1. Mose [39.2] Und der HERR war mit Josef, so daß er ein Mann wurde, dem alles glückte. Und er war in seines Herrn, des Ägypters, Hause.

verführen.[44] Wegen seiner Treue zu Gott und zu seinem Meister geht er ins Gefängnis und bleibt dort mehrere Jahre lang, anscheinend als hoffnunsloser Fall.[45] Doch weil Gott ihn segnet, hat er auch in dieser Situation Glück und Erfolg gehabt.[46] Nach einiger Zeit kam es dazu, dass er zwei sehr eindrucksvolle Träume vor dem Pharao deuten sollte und aufgrund dessen auch die Empfehlung aussprechen, was zu tun sei. Beeindruckt von der Weisheit und dem Verständnis dieses jungen Mannes entscheidet sich der Pharao, Josef als seinen Koregenten über das ganze Land Ägypten zu ernennen.[47] Trotz

Fortsetzung von der vorigen Seite

---

[43] 1. Mose [**39.2**] Und der HERR war mit Josef, so daß er ein Mann wurde, dem alles glückte. Und er war in seines Herrn, des Ägypters, Hause. 1. Mose [**39.3**] Und sein Herr sah, daß der HERR mit ihm war; denn alles, was er tat, das ließ der HERR in seiner Hand glücken,

[44] 1. Mose [**39.7**] Und es begab sich danach, daß seines Herrn Frau ihre Augen auf Josef warf und sprach: Lege dich zu mir! [**39.10**] Und sie bedrängte Josef mit solchen Worten täglich. Aber er gehorchte ihr nicht, daß er sich zu ihr legte und bei ihr wäre.

[45] 1. Mose [**39.20**] Da nahm ihn sein Herr und legte ihn ins Gefängnis, in dem des Königs Gefangene waren. Und er lag allda im Gefängnis.

[46] 1. Mose [**39.21**] Aber der HERR war mit ihm und neigte die Herzen zu ihm und ließ ihn Gnade finden vor dem Amtmann über das Gefängnis, [**39.22**] so daß er ihm alle Gefangenen im Gefängnis unter seine Hand gab und alles, was dort geschah, durch ihn geschehen mußte. [**39.23**] Der Amtmann über das Gefängnis kümmerte sich um nichts; denn der HERR war mit Josef, und was er tat, dazu gab der HERR Glück.

[47] 1. Mose [**41.37**] Die Rede gefiel dem Pharao und allen seinen Großen gut. [**41.38**] Und der Pharao sprach zu seinen Großen: Wie könnten wir einen Mann finden, in dem der Geist Gottes ist wie in diesem? [**41.39**] Und er sprach zu Josef: Weil dir Gott dies alles kundgetan hat, ist keiner so verständig und weise wie du. [**41.40**] Du sollst über mein Haus sein, und deinem Wort soll all mein Volk gehorsam sein; allein um den königlichen Thron will ich höher sein als du. [**41.41**] Und weiter sprach der Pharao zu Josef: Siehe, ich habe dich über ganz Ägyptenland

aller traumatischer Erfahrungen ist er, statt in eine tiefe Depression zu fallen, bis zur höchsten Position im ganzen Königreich aufgestiegen. Dies ist somit ein sehr klares biblisches Beispiel des traumatischen Wachstums.

- Ähnliches kann man bei vielen anderen Personen in der Bibel sehen: bei Mose, Prophet Elia, König David, Prophet Daniel, Jesus Christus, Apostel Paulus und vielen anderen. Diese Menschen in der Bibel haben manchmal unerträgliche Schwierigkeiten erlebt, sind aber haben daraus gewachsen und noch stärker geworden. Das hat Apostel Paulus folgendermaßen zusammengefasst:

> 2. Korinther [**12.10**] "Darum bin ich guten Mutes in Schwachheit, in Mißhandlungen, in Nöten, in Verfolgungen und Ängsten, um Christi willen; denn wenn ich schwach bin, so bin ich stark."

Ich persönlich konnte früher, als junger Mann, diese Worte nicht verstehen. Später, durch viele Lebensschwierigkeiten, habe ich erlebt, dass ich stärker und entschlossener geworden bin. Reife, Erfahrung und Sicherheit sind Folgen solcher Lebensherausforderungen. Obwohl diese nicht immer segensreich sind, kann trotzdem jeder durch Schwierigkeiten wachsen und reifen.

Dies gilt für die ganze Menschheit. Wir alle (mit wenigen Ausnahmen) müssen in diesem Leben mit vielen Problemen kämpfen, einschließlich Krankheiten, Ungerechtigkeiten, negativen Erfahrungen mit anderen Menschen – das ist für viele Menschen der Alltag. Jedoch erlernen wir dadurch,

Fortsetzung von der vorigen Seite

gesetzt.

mit diesen Problemen erfolgreich umzugehen und wachsen daraus.[48] Schließlich, eines Tages, werden alle Sieger in diesem Lebenskampf vom Herrscher des Universums eine enorm hohe Position bekommen – die Herrschaft mit ihm über das ganze Universum zusammen mit Jesus.[49] Menschen, die das Schlimmste erlebt haben (Verfolgungen, Gewalttod, usw.) werden richterliche Positionen im Königreich Gottes bekommen.[50] Die Rollen werden getauscht und die vollkommene Gerechtigkeit wird schließlich siegen. Die Garantie dafür ist die Auferstehung von Jesus Christus zum Himmel[51] als den Vertreter der Gerechten im himmlichen Gericht.[52] Es scheint, als ob die negativen Erfahrungen in

---

[48] 2. Korinther Brief [4.16] „Darum werden wir nicht müde; sondern wenn auch unser äußerer Mensch verfällt, so wird doch der **innere** von Tag zu Tag erneuert."

[49] Der verherrlichte Jesus verheißt der Gemeinde in Laodizea und damit allen Siegern in: Offenbarung [3.21] „Wer überwindet, dem will ich geben, mit mir auf meinem Thron zu sitzen, wie auch ich überwunden habe und mich gesetzt habe mit meinem Vater auf seinen Thron.";

Das wird im Königreich Gottes allen geretteten Menschen zugeteilt: Offenbarung [22.5] „Und es wird keine Nacht mehr sein, und sie bedürfen keiner Leuchte und nicht des Lichts der Sonne; denn Gott der Herr wird sie erleuchten, und **sie werden regieren von Ewigkeit zu Ewigkeit.**" [fett – DM]

[50] Offenbarung [20.4] „Und ich sah Throne, und sie setzten sich darauf, und ihnen wurde das Gericht übergeben. Und ich sah die Seelen derer, die enthauptet waren um des Zeugnisses von Jesus und um des Wortes Gottes willen, und die nicht angebetet hatten das Tier und sein Bild und die sein Zeichen nicht angenommen hatten an ihre Stirn und auf ihre Hand; diese wurden lebendig und regierten mit Christus tausend Jahre."

[51] Apostelgeschichte [17.31] „Denn er hat einen Tag festgesetzt, an dem er den Erdkreis richten will mit Gerechtigkeit durch einen Mann, den er dazu bestimmt hat, und hat jedermann den Glauben angeboten, **indem er ihn von den Toten auferweckt hat.**" [Fett – DM].

diesem Leben als ein Training, oder Gewinn für die herrschende Position in der Ewigkeit funktionieren. Obwohl das eine weite Zukunft sein mag, kann eine leidende Person schon in diesem Leben befähigt werden, um anderen in ähnlichen schwierigen Situationen zu helfen.[53]

2.5.4. Real positive Effekte des Traumas

Die negativen Folgen und Verluste eines traumatischen, insbesondere kriegstraumatischen Erlebnisses kann niemand leugnen, was gute TherapeutInnen, BeraterInnen oder SeelsorgerInnen nie übersehen sollten. Verlorene Familienmitglieder, Freunde, Kinder, eventuell verlorene Körperteile, kann man nie mehr ersetzen. Das soll in der Therapie anerkannt werden. Das Geschehene kann man nicht ungeschehen machen. In der Seelsorge, vor allem bei unprofessionellem Trost, besteht die Gefahr, das Leid und das Geschehene als den Willen Gottes darzustellen, um eine Erklärung des Leidens zu finden. Dies wäre kontraproduktiv. Das andere Extrem lautet, „[…] dass traumatische Erfahrungen immer und besonders wachstumsfördernd seien. Das sind sie nicht,…" (Reddemann, 2011, S. 48).

Fortsetzung von der vorigen Seite

---

[52] Hebräer [8.1] „Das ist nun die Hauptsache bei dem, wovon wir reden: Wir haben einen solchen Hohepriester, der da sitzt zur Rechten des Thrones der Majestät im Himmel"

[53] 2. Korinther [1.3] „Gelobt sei Gott, der Vater unseres Herrn Jesus Christus, der Vater der Barmherzigkeit und Gott allen Trostes, [1.4] der uns tröstet in aller unserer Trübsal, damit wir auch trösten können, die in allerlei Trübsal sind, mit dem Trost, mit dem wir selber getröstet werden von Gott."

Während des Trauma-Bearbeitungsprozess entstehen auch positive Effekte, die, laut verschiedenen Erfahrungen und wissenschaftlichen Forschungen, real sind (Zöllner, Calhoun & Tedeschi, 2006). Sie sollen von Selbsttäuschungs-Methoden der Pseudo-Reifung unterschieden werden (wie z.b.: „Wenn es schon passieren musste, dann muss es doch zumindest zu irgendetwas gut sein." ebd.). Es gibt wissenschaftliche Kritiker, die das posttraumatisches Wachstum als eine Form von defensiven Illusionen darstellen (Wortman, 2004, Lechner u. Antoni, 2004; Maercker u. Zoellner, 2004; zitiert in Zöllner, Calhoun & Tedeschi, 2006, S. 40);

> „[...] aber es gibt Menschen, die es schaffen, aus einer extremen Belastung für sich und ihre Reifung dennoch Gewinn zu ziehen. Und sich dafür zu interessieren und diese Erfahrungen nicht auszuklammern, ist im Interesse derjenigen PatientInnen, die über solche Möglichkeiten verfügen" (Reddemann, 2011, S. 48).

Ähnliche Ziele soll auch die Seelsorge erreichen. Zusammengefasst, die Positive Psychologie beschäftigt sich damit, wie eine reale positive posttraumatische Entwicklung zu erreichen ist, mit der eine Person aus dem Trauma noch stärker werden kann – resilienter, reifer, positiver und weiser.

2.6. Christliche Beratung / Seelsorge

Der Begriff »Beratung« war unabhängig von den christlichen Wertungen schon lange fest etabliert, dennoch ist die christliche Beratung bzw. Seelsorge ihre älteste Art und ihr Ursprung. Beratung ist der „Uhrbestand von Seelsorge

(Pastoral) und hat in den Kirchen eine Flanke und erprobte Tradition sowie einen zentralen Stellenwert" (Nestmann, 2007, S. 155). Seelsorge ist eigentlich die älteste Art der Beratung. Der Begriff selbst stammt zwar nicht aus der Bibel, dennoch ist die Praxis biblisch bezeugt (Klessmann, 2008). Sie ist auch bekannt als „Lebensberatung", die eigentlich zur Seelsorge gehört (Nestmann, 2007a, S. 155). Psychologie, Psychotherapie und Beratung sind eigentlich aus der christlichen Beratung bzw. Seelsorge entstanden und haben ihren alleinigen Zuständigkeitsanspruch schon längst übernommen (ebd.). Obwohl es manchmal eine Spannung und Rivalität mit der Seelsorge geben kann:

> „Jede hat einen Bereich eigener Kompetenz, in den die andere nicht eingreift: d.h. der Psychotherapeut erkennt die Kompetenz der Seelsorge an, wenn es um Fragen der Gottesbeziehung geht. Der Seelsorger erkennt die Kompetenz der Psychotherapie an, wenn es z.B. um die Bewältigung einer ‚Platzangst' geht" (Herbst, 1999, S. 6).

Eine Kooperation und gegenseitige Ergänzung ist empfehlenswert. Manche SeelsorgerInnen werden als PsychotherapeutInnen und BeraterInnen ausgebildet, oder umgekehrt – PsychologInnen, PsychotherapeutInnen und BeraterInnen können auch eine seelsorgerische Ausbildung abschließen. Solche Erscheinungen sind auf europäischem Boden noch immer eine Seltenheit. Es ist gut zu verstehen, dass obwohl die Seele (Psyche) wichtig ist, das geistliche Gebiet ist ebenso, vielleicht noch überlegener. Für viele Menschen ist ihr Glaube die Grundlage ihrer Lebenseinstellung und Weltanschauung.

Auf Computersprache übertragen wäre der Glaube vergleichbar mit einem Hauptbetriebssystem, bei dem alle anderen Programme installiert und miteinander verbunden sind. Ohne ein Betriebssystem wären jedoch alle Programme nutzlos. Anderseits sind gute Programme, z.b. für Windows, nicht mit allen Betriebssystemen kompatibel, beispielsweise mit Macintosh und umgekehrt. Deswegen ist es wichtig, gute Applikationen / Programme an das Hauptsystem anzupassen.

So ähnlich sind im Glaubensbereich Psychologie, Psychotherapie und allgemeine nichtchristliche Beratung ohne Theologisches- und Glaubensverständnis meist wirkungslos. Aus diesem Grund hat die christliche Seelsorge im geistlichen Bereich eine einzigartige Rolle, die keine andere Disziplin ersetzen kann. Sie ist ein Betriebssystem, wo nicht alle psychologischen und therapeutischen Ansätze kompatibel und installierbar sind. In Fällen der geistlichen Fragen und Bedürfnisse der Ratsuchenden ist es empfehlenswert, eigene Grenzen als TherapeutIn bzw. BeraterIn zu erkennen und die Ratsuchenden weiter einem entsprechenden Seelsorger zu überweisen. Eine optimale Kombination wäre es, beide Ausbildungen zu haben.

Obgleich die Christliche Seelsorge sehr umfassend ist, berührt sie allgemeine menschliche Erfahrungen wie Familie, „Kindererziehung, Partnerschaft, Beruf, Älterwerden, Krankheit und Gesundheit" (Klessmann, 2008), geistliche und ethische Fragen (ebd.), Ermutigung, aktives Zuhören der Leidenden; kurz gefasst – mitmenschliche Anteilnahme und Solidarität (Klessmann, 2008). Sie hat das Ziel, „die Lebens- und Glaubensgewissheit von Menschen zu stärken" (ebd.).

Das Besondere in der christlichen Beratung ist das
Verhältnis zwischen dem Seelsorger und den Ratsuchenden,
das auf der „Authentizität, bedingungsfreie[n] Wertschätzung
(die Rogers als „Liebe" im Sinne der biblischen Agape
identifiziert) und Empathie (vgl. u.a. Joh. 8,32; Röm. 15,7;
Hebr. 5,2.)" beruht (Nestmann, 2007a, S. 159).

2.6.1. Verhältnis zwischen der christlichen Seelsorge und der Positiven Psychologie

Im europäischen Raum bestehen kaum Forschungen,
die die christliche Seelsorge mit der Positiven Psychologie
vergleichen. Ein Grund dafür kann geschichtlich sein.
Einerseits ist die Psychologie allgemein, genauso wie die
Psychotherapie, in Europa atheistisch-materialistisch und
daher säkular orientiert. Das Fundament der heutigen
modernen Psychologie wurde Anfang des 19. Jahrhunderts mit
den Naturwissenschaften gelegt (Physik und Chemie) (Clinton
& Hawkins, 2011). Alle wissenschaftlichen Kenntnisse
wurden ausschließlich mithilfe empirischer Forschung erzielt.
Alle religiösen Werte und Inhalte über die menschliche Natur
und seine Psyche sind damit ausgeschlossen (Clinton &
Hawkins, 2011). Alle Ideen über Gott, Gerechtigkeit, Sünde
und den Sündenfall wurden damit ausgeklammert (Clinton &
Hawkins, 2011). Somit haben sich die
sozialwissenschaftlichen Disziplinen von der Theologie und
Seelsorge weit entfernt und distanziert. Seit Freuds Zeit hat die
Psychologie allgemein eine sehr skeptische Einstellung
gegenüber Religion:

"For a half century after Freud's disparagements, social science remained dubious about religion. Academic discussions of faith indicted it as producing guilt, repressed sexuality,   intolerance,   anti-intellectualism,   and authoritarianism" (Seligman, 2007, S. 57).

Andererseits   hat   das   bei   den   christlichen SeelsorgerInnen und TheologInnen genauso eine Distanz verursacht. Eine längere Zeit waren allgemeine Psychologie und Seelsorge in keinem guten Verhältnis. In den USA, im Kontrast dazu, ist allmählich die christliche Psychologie entstanden, die auf der christlichen Weltanschauung basiert ist (Clinton & Hawkins, 2011). Ihr Interesse ist ebenfalls eine empirische Forschung und theoretische Definition, die das christliche Verständnis, die biblisch-theologische Lehre und Ideen der christlichen Philosophie über die menschliche Natur miteinbezieht. Dementsprechend verwendet die christliche Psychologie ebenfalls Begriffe wie Gott, Sünde und Erlösung (siehe Charry, 2010; Evans, 1990; Johnson, 2007; Roberts & Talbot, 1997, zitiert in Clinton & Hawkins, 2011, S. 25).

Die empirischen Forschungen über den Einfluss des Glaubens auf die Gesundheit haben in den letzten 20 Jahren ebenso nichtchristliche Wissenschaftler durchgeführt, was auch positive Ergebnisse in psychologischen Bereichen gezeigt hat:

> „Religious Americans are clearly less likely to abuse drugs, commit crimes, divorce, and kill themselves. They are also physically healthier and they live longer. Religious mothers of children with disabilities fight depression better, and religious people are less thrown by divorce, unemployment, illness, and death. Most directly relevant is

the fact the survey data consistently show religious people as being somewhat happier and more satisfied with life than nonreligious people" (Seligman, 2007, S. 57).

2.6.1.1. Positive Psychologie über die Spiritualität

In den USA steht die Positive Psychologie in einem positiven Verhältnis mit der Spiritualität und Seelsorge, besonders im Kontext des Traumas. Der folgende Text erklärt die Einstellung der positiven Psychologen gegenüber der Spiritualität:

> "[...] we think is especially worth drawing attention to, is that of religious change and the question of the relationship of spirituality to growth (see Shaw, Joseph, & Linley, 2005, for a review). As Lyons notes, spiritual issues are hard to avoid in trauma therapy, and yet we know very little about the role of religion and spirituality in growth. As Mahoney, Krumrei, and Pargament (Chapter 6, this volume) explore, the relation between spirituality, stress, and growth is not a simple one, with the potential for spiritual beliefs to be either strengthened or shattered following trauma" (Joseph & Linley, 2008, S. 348, 349).

Der Glaube ist eine wichtige Kraft für die Traumabewältigung, jedoch ist sein Einfluss auf die Genesung vom Trauma in der Psychologie bis jetzt noch nicht ausreichend empirisch erforscht:

> "Thus, further qualitative research in this area that seeks to understand the different factors that drive the strengthening or shattering of spiritual beliefs following trauma would be fruitful" (Joseph & Linley, 2008, S. 349)

In christlichen Kreisen entsteht immer mehr eine positive Einstellung zu der Positiven Psychologie, vor allem in den USA. Eine Konferenz der »Christian Association for Psychological Studies (CAPS)« in Kansas City (15.-17. April 2010) mit dem Titel »Abundant Life« leistete einen Beitrag zur Verbindung zwischen der Positiven Psychologie und der christlichen Seelsorge. So hat beispielsweise Rod Hetzel, Ph.D., „the chair of the positive psychology section of APA division 17" (Christian Association for Psychological Studies, 2010) einen Workshop mit dem Titel „Positive Psychology and Clinical Practice" geleitet, mit folgenden Zielen:

> "Learning Objective 1: Participants will be able to articulate a framework for integrating positive psychology within a broader Christian worldview,
>
> Learning Objective 2: Discuss areas of convergence and divergence between positive psychology and Christian spirituality" (Christian Association for Psychological Studies, 2010, S. 2)

Positive Psychologie hat einen wichtigen Platz im Rahmen des Studiums in vielen Universitäten (dreißig in den USA) gewonnen und umfasst sogar eigene Fächer über die Positive Psychologie (insgesamt 45) (Positive Psychology Center, 2007), die in der letzten Zeit auch an christlichen Universitäten, z.B. in The American Graduate University, Washington, USA (Regensy University, 2010) gelehrt werden. Sie tritt allmählich auch in die Fußstapfen der christlichen Beratung (Collins, 2012). Sie ist ein wichtiges Thema der Konferenzen der Society for Christian Psychology, z.B. auf der Biannual Conference of the Society for Christian Psychology in Regent University, Virginia Beach, VA (18-20. Oktober 2012) (Koinonia, 2011). Neuere Entwicklungen eines integrativen Konzeptes mit dem Namen „**Christian Positive Psychology**" (von Nancey Murphy in „Why Psychology Needs Theology: A Radical-Reformation Perspective")[54] (Dueck & Lee, 2005, zitiert in Hakney, 2007, S. 211) werden erzeugt. Offensichtlich erfolgt eine Integration der Positiven Psychologie mit dem christlichen Denken. Hierfür sind weitere Forschungen und Entwicklungen nötig, weil sie selbst eine psychologische Disziplin in der weiteren Entwicklung ist. Folglich ist diese Verknüpfung der beiden Ansätze für TheologInnen, SeelsorgerInnen und BeraterInnen nicht zu übersehen.

Da der erforderliche Raum für eine ausführliche weitere Forschung hier in diesem Buch nicht reicht, möchte ich nur in kurzen Skizzen einen Vergleich zwischen den Grundelementen der Positiven Psychologie und den Grundlagen der christlichen Lehre durchführen, was als gute Ergänzung und Vertiefung der christlichen Seelsorge bzw. Beratung verwendet werden kann:

2.6.1.2. Ähnlichkeiten zwischen der Positiven Psychologie und der christlichen Seelsorge

• **Positive Emotionen** werden in der Positiven Psychologie stark betont (Fredrickson, 2011) und stehen im

---

[54] Murphy versucht, die neo-aristotelische ethische Philosophie von MacInture als metatheoretische Grundlage für eine Struktur eines vor allem christlichen Programms der psychologischen Forschung und Praxis zu legen (Hakney, 2007). Ihr Wunsch war es außerdem, eine neue integrative Perspektive zu entwickeln – die Positive Psychologie mit der Pathologie und mit psychischen Störungen zu verbinden (Hakney, 2007).

Einklang mit allen edlen Emotionen des christlichen Charakters (Phil. 1,11; 4,8). Auch positive soziale Emotionen und Bindungen sind im Einklang mit der Nächstenliebe (Mt. 19,19; 22,39) und der positiven Lebens- bzw. Grundhaltung (Prediger 9,7);

• Positive **Charaktereigenschaften** – Tugenden und Stärken in der Positiven Psychologie (Seligman, 2007) (siehe Abbildung 5), sind eine Bestätigung für die christliche Akzentuierung des positiven Charakters. Das ist in der Bibel noch viel erhabener – „sei es eine Tugend" (Philipper 4,8), oder die „Frucht des Heiligen Geistes" (Galater 2,22.23) als „Anteil… an der göttlichen Natur" (2. Petrus 1,4). Alle sechs Tugenden[55] der Positiven Psychologie entsprechen dem biblischen Konzept. Eine sehr ähnliche Liste steht auch in:

> 1. Petrus [**1.5**] So wendet alle Mühe daran und erweist in eurem Glauben **Tugend** und in der Tugend **Erkenntnis** [Weisheit in der *Pos. Psych. - DM] [**1.6**] und in der Erkenntnis **Mäßigkeit** [Mäßigung * - DM] und in der Mäßigkeit **Geduld** [höhere Stufe der Mäßigkeit * - DM] und in der Geduld **Frömmigkeit** [Spiritualität / Transzendenz * - DM][**1.7**] und in der Frömmigkeit **brüderliche Liebe** und in der brüderlichen Liebe die **Liebe zu allen Menschen** [Menschenliebe * - DM] [fett – DM].

In dieser Liste fehlt nur die Gerechtigkeit, die nach der Bibel in der Menschenliebe beinhaltet ist (Röm. 13,9.10). Die Ähnlichkeit und Kompatibilität dieser zwei Ansätze ist offensichtlich.

---

[55] Weisheit, Mut, Menschenliebe, Gerechtigkeit, Mäßigung und Spiritualität/Transzendenz (Seligman, 2007).

• Die Bibel hat eine noch breitere Liste der edlen Charaktereigenschaften (Gal. 5,22.23). Auch alle dazugehörigen 24 Charakterstärken[56] sind im völligen Einklang mit dem christlichen Bild. Hierfür ist eine eigene Studie erforderlich;

• Sich **positiv** und konstruktiv für das Wohl der eigenen und breiteren Menschenfamilie zu **engagieren** (Seligman, 2007) ist auch im Einklang mit der christlichen Idee des Dienstes an den Mitmenschen, was im Christentum noch mehr betont ist – als Ausdruck der Liebe Christi (Matthäus 25,31-40; Johannes 13,34) und mit dem biblischen Prinzip der tüchtigen Arbeit (Prediger 6,6-11), dank dem eigentlich das Prosperität in Deutschland und Europa entstanden ist;

• die Betonung auf dem **Lebenssinn** (Seligman, 2007; Joseph und Linley 2008) als die Grundlage eines positiven Lebens ist ebenfalls im Einklang mit dem christlichen Denken. Der Unterschied liegt darin, dass die Positive Psychologie Menschen nur als entwickelte Wesen in der Kette der Evolution sieht, die nur ihre Entwicklung vervollständigen sollen. Die Bibel dagegen sieht Menschen ursprünglich als Kinder Gottes, gottähnliche Wesen, mit dem höheren Lebenssinn als Herrscher über die Erde (1. Mose 1,26-28), vom Anfang an vom Schöpfer des Universums klar definiert (1. Mose 1,26). Die Bibel lehrt, dass dieser ursprüngliche Lebenssinn durch die Sünde verdorben wurde, welcher durch die Erlösung

---

[56] Siehe Tabelle Abbildung 5.

wiederhergestellt werden soll – in diesem Leben durch die Verwandlung des Charakters und des Lebens (Joh. 3,3; 1. Joh. 5,4) und eines Tages in der Zukunft dann komplett – durch die Verherrlichung der Menschen (1. Kor. 15,51-53) und die Erlangung der Herrschaft als Miterben und Mitregenten Christi (Römer 8,17; Offenbarung 3,21; 22,5). Die Idee der Bibel für das heutige Leben liegt darin, entsprechend diesem höheren Lebenssinn als Kinder Gottes in der Liebe zueinander zu leben:

> Eph. [**4.1**] „So ermahne ich euch nun, ich, der Gefangene in dem Herrn, daß ihr der **Berufung** würdig lebt, mit der ihr berufen seid, [**4.2**] in aller Demut und Sanftmut, in Geduld. Ertragt einer den andern in Liebe.

• Die Betonung auf **positive zwischenmenschliche Verhältnisse** (Philanthropie bei Seligman, 2007) ist eine wissenschaftliche Bestätigung der Bedeutung und Funktion der christlichen Menschenliebe und ihrer Folgen (Lukas 6,34-38). Seligman bezeichnet die Menschenliebe als selbstlos (Seligman, 2007), was die Bedingung der Nachfolge Jesu ist (Lukas 9,23);

• Die Betonung der **Leistung** (»flow«) und der hohen Projekte in der Positiven Psychologie als eine wichtige Quelle des Glücks (Csikszentmihalyi, 1993) ist im Einklang mit der allumfassenden biblischen Idee der positiven Aktivität im Leben (Sprüche 14,11; Prediger 9,9; 1. Thessalonicher 4,11.12) und der Lebensvollkommenheit (der Reife, oder des Zielereichens) „Darum sollt ihr vollkommen sein, wie euer Vater im Himmel vollkommen ist" (Matthäus 5,48);

• Das Verständnis der Positiven Psychologie, dass das Wohlbefinden (Glück) nicht von äußeren, sondern **inneren Bedingungen** abhängig ist (Fredrickson 2011; Seligman, 2007), ist auch mit der Bibel kompatibel (Philipper 4,12.13), wo die Idee klar ist, dass alles im Leben auf geistlichen und ethischen – inneren – Werten beruht (= Gesetz Gottes; Prediger 12,13.14) die für die ganze Ewigkeit und vor Gott maßgeblich sind (Römer 2,14-16);

• Die Betonung, dass das Wohlbefinden mit der Zufriedenheit und **Dankbarkeit** zusammenhängt (Seligman, 2007; Fredrickson, 2011), steht im Einklang mit der biblischen Zufriedenheit und Dankbarkeit im Leben (Philipper 4,6);

• Empirische Studien der Positiven Psychologie, dass die **Vergebung** sehr wichtig ist (Seligman, 2007), ist eine wissenschaftliche Bestätigung des biblischen Konzeptes der Vergebung (Lk. 11,4; 17,3.4; 23,34; Jak. 3,13);

• Das Konzept der **Hoffnung** (Seligman, 2007) ist eine sehr starke wissenschaftliche Bestätigung der Bedeutung und Wirkung der christlichen Hoffnung, die auch über den Tod hinaus geht (Joh. 14,27.28; App. 24,15);

• Die Konzepte von **Resilienz** und **persönlichem Wachstum** in Leiden und Trauer (Joseph & Linley, 2008) sind eine wissenschaftliche Bestätigung des christlichen Konzepts des Wachstums durch Leiden (Römer 5,3-5; Galater 5,22; 2. Thessalonicher 3,5; Jakobus 1,3.4; 5,11; Offenbarung 14,12) wodurch auch Trost und Ermutigung wachsen (2. Korinther 1,3-5; 1. Thessalonicher 2,3.4);

• Der **kritische Moment** ist das Verständnis der menschlichen Natur. Seligman verurteilt die Lehre über die sündhafte menschliche Natur, welche die Bibel einbezieht:

> "I call this pervasive view about human nature, which recurs across many cultures, the rotten-to-the-core dogma. If there is any doctrine this book seeks to overthrow, it is this one. The doctrine of original sin is the oldest manifestation of the rotten-to-the-core dogma…" (Seligman, 2007, S. xii).

Das ist seine Reaktion auf die Krankheitslehre, die auch Freud etabliert hat (Seligman, 2007, S. xii). Seligman erklärt dies folgenderweise:

> "I cannot say this too strongly: In spite of the widespread acceptance of the rotten-to-the-core dogma in the religious and secular world, there is not a shred of evidence that strength and virtue are derived from negative motivation" (Seligman, 2007, xiii)

• Der Fokus der Positiven Psychologie liegt auf den **positiven Eigenschaften des menschlichen Charakters** (genauso wie bei Carl Rogers), was im Einklang mit der humanistischen Weltanschauung ist. Das selbst ist positiv und kann ein guter Ansporn zum Umdenken bzw. eine Ergänzung der Traumatherapie, Beratung und Seelsorge sein. Dennoch, diese Idee keineswegs entspricht der Realität in der wir leben.

2.6.1.3.   Unterschiede zwischen der Positiven Psychologie und der christlichen Seelsorge

Trotz offensichtlicher Ähnlichkeiten und Parallelen in Bezug auf die positiven Emotionen und Einstellungen, gibt es auch entscheidende Unterschiede in Bezug auf die menschliche Natur zwischen der Positiven Psychologie und der christlichen Seelsorge.

• Für die Positive Psychologie ist der Mensch grundsätzlich gut (Seligman, 2007). Somit fehlen ihm nur die sozialen und psychologischen Kompetenzen, die er durch die Arbeit an seinen positiven Qualitäten und Stärken entwickeln kann. Das selbst ist in der Therapie, Beratung und Seelsorge richtig und notwendig. Doch laut dieser Logik braucht der Mensch Gott nicht, um besser zu werden. Er kann sich selbst erlösen bzw. verbessern. Er muss nur erlernen, positive Emotionen, Einstellungen und Charaktereigenschaften zu entwickeln. Aus der christlichen Perspektive gesehen, stellt dies eine Art der Selbsterlösung dar, was die Bibel definitiv ablehnt.

• Der Mensch ist jedoch, laut der Bibel, von der Sünde nicht nur von außen, sondern vor allem von innen infiziert (Matthäus 15,18.19) und kann sich selbst aus eigener Kraft nicht davon befreien. Diese Behauptung lehnt Seligman zusammen mit der humanistischen Psychologie definitiv ab.[57]

• Laut der Bibel können tiefe innere Veränderungen des Charakters einer Person gründlich und dauerhaft nur durch eine höhere Kraft durchgeführt werden – durch Jesus Christus,[58]

---

[57] "I call this pervasive view about human nature, which recurs across many cultures, the rotten-to-the-core dogma. If there is any doctrine this book seeks to overthrow, it is this one. The doctrine of original sin is the oldest manifestation of the rotten-to-the-core dogma..." (Seligman, 2007, xii).

[58] Johannes [15.5] „Ich bin der Weinstock, ihr seid die Reben. Wer in mir bleibt und ich in ihm, der bringt viel Frucht; denn ohne mich könnt ihr nichts tun [unterstrichen – DM]."

der durch seinen – Heiligen Geist alles bewirkt (Joh. 3,3-8) und nicht nur durch die Psychotherapie / Beratung. Es geht um eine »Reprogrammierung« des Menschen, welche die Person selbst bei sich nicht erreichen kann, genauso wenig wie ein Computer bei sich selbst. Ein Programmierer muss das machen – in diesem Fall der Erfinder des Menschen – Gott der Schöpfer. Da dieser Prozess eine Reprogrammierung unseres Nervensystems (identisch mit der »Hardware«) und unserer inneren Welt (»Software«) umfasst, ist das nur alleine durch die Therapie nicht möglich.

• Dieser Punkt in Bezug auf die menschliche Natur sollte sowohl innerhalb der Psychotherapie als auch in der Seelsorge vorsichtig behandelt und korrigiert werden, um keine Illusion zu bekommen, dass Psychologie / Therapie ein Zauberstab sei, mit dem man allen Menschen helfen kann. Dasselbe gilt auch für die Seelsorge – in manchen Fällen brauchen die Ratsuchenden außer geistlicher Betreuung auch professionelle Hilfe, um tief eingenistete Probleme erkennen und auch lösen zu können. Deswegen ist eine komplementäre Verwendung von beiden Ansätzen empfehlenswert.

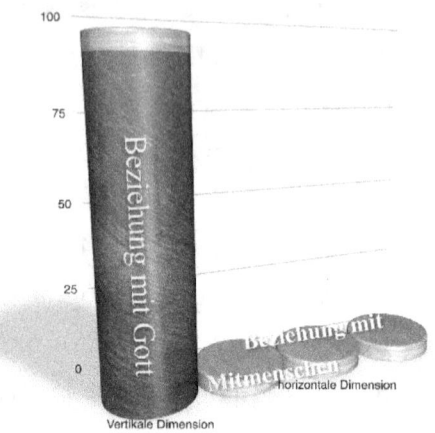

Abbildung 8: Zwei Dimensionen der
Seelsorge, Quelle: Eigenquelle (Autor)

- Obwohl die Positive Psychologie die geistliche Dimension als einen wichtigen Faktor des Glücks anerkannt hat (eine von sechs Charakter-Tugenden ist auch »Spiritualität«, oder »Transzendenz«), bezieht sie diesen Punkt in der Therapie nicht ein. Das ist nicht fremd, weil die Gründer der Positiven Psychologie Atheisten sind und so was nicht machen können. In der Seelsorge dagegen besteht das Entscheidende darin, das Vertrauen in Gott zu stärken und seine Lebensprinzipien praktisch umzusetzen, um die notwendige Änderung / Heilung durchzuführen. **Die Beziehung mit Gott und mit anderen Menschen** ist der Kernpunkt der Seelsorge und zugleich der Positiven Psychologie, die festgestellt hat, dass positive Verhältnisse ein sehr starker Faktor der psychischen Gesundheit und des Wohlbefindens ist (Seligman, 2007). Deswegen ist die Arbeit an Verhältnissen und Beziehungen in beiden Dimensionen sehr wichtig, jedoch nicht nur in der Seelsorge, sondern auch in der

Therapie, wo das eventuell den TherapeutInnen / BeraterInnen möglich ist, weil diese beide Dimensionen (horizontale und vertikale), besonders bei religiösen Menschen, ihren Einfluss auf alle Lebensbereiche üben.

Obwohl er Atheist ist, stellt Seligman die Fragen über Gott. Aus ihnen kann man sein Verständnis des Bereichs »Transzendenz« in der Positiven Psychologie besser erfahren. Dabei helfen seine Aussagen im nächsten Kapitel.

Die Behauptungen Seligmans, dass Schuld und Scham keine heilende Kraft oder Korrektur bringen, sondern eine Sichtverengung und tiefe Verletzbarkeit (Fredrickson, 2011), sind teilweise korrekt. Vorwürfe, Unfreundlichkeit und überflüssige Negativität zerstören nicht nur positive Gefühle, sondern auch zwischenmenschliche Verhältnisse. Dennoch gibt es zwei Arten der Negativität: „Angebrachte Negativität ist spezifisch und korrigierbar. Unangebrachte Negativität ist häufig ebenso überflüssig wie global" (Fredrickson, 2011, S. 166). Deswegen sollte man, sowohl in der Therapie / Beratung, als auch im realen Leben, nicht nur positiv reden und handeln, sondern manchmal deutlich die Grenzen für die falsche Einstellung, oder das falsche Handeln ziehen. Dies funktioniert nicht nur mit positiven Informationen. Manchmal ist es für manche Menschen hilfreich, wenn man entschlossen dagegen oder sogar kritisch eintritt, um ihnen ihre Realität darzustellen (»konstruktive Kritik«, oder »angebrachte Negativität«, Fredrickson, 2011). Das Positive bringt jedoch nicht bei jedem eine konstruktive Änderung. Besonders gilt das für Menschen mit der Asozialen Persönlichkeitsstörung (Menschen, die denken, sie seien das Gesetz für alle, wobei alle anderen dumm seien). Mit freundlicher Rede erreicht man bei manchen Menschen nur das Gegenteil. Für viele Übeltäter waren die Folgen ihrer Taten augenöffnend und hilfreich, um ihre negative Lebenseinstellung zu ändern (Gefängnis, Misserfolg auf ihrem Weg des Verbrechens usw.).

Auch in diesem Bereich der konstruktiv-kritischen Analyse der Positiven Psychologie ist eine weitere Forschung angebracht.

2.6.1.4. Positive Psychologie und der Glaube an Gott

In Bezug auf den Glauben hat die Positive Psychologie eine gespaltene Einstellung. Einerseits kommt sie ursprünglich aus der humanistischen, atheistischen Philosophie – und hat somit eine philosophisch-empirische Einstellung gegenüber Gott, Übel und Freiheit. Ihre allgemeine Darstellung Gottes ist keineswegs christlich. Das ist ersichtlich aus der folgenden Aussage:

> "Positive Psychology points the way toward a secular approach to noble purpose and transcendent meaning and, even more astonishingly, toward God who is not supernatural" (Seligman, 2007, S. 12).

Seligman war als renommierter Psychologe immer ein Atheist. Die meisten Psychologen denken, dass der Glaube eine psychische Schwäche bedeutet. Dennoch ist es bemerkenswert, dass Seligman ernsthaft über Gott nachdenkt. Er antwortet auf die Bemerkung seines Freundes: „I thought you were a nonbeliever" (Seligman, 2007, S. 255) auf folgende Weise:

"I am. At least I was. I've never been able to choke down the idea of a supernatural God who stands outside of time, a God who designs and creates the universe. As much as I wanted to, I never been able to believe there was any meaning in life beyond the meaning we choose to adopt for ourselves. But now I'm beginning to think I was wrong, or partly wrong" (Seligman, 2007, S. 255).

Als ein Atheist denkt er trotzdem an einen Gott, akzeptabel für Rationalisten:

„I have intimations of a God that those of us who are long on evidence and short on revelation (and long on hope, but short on faith) can believe in" (Seligman, 2007, S. 256).

Für Seligman ist schließlich ein bedeutungsvolles Leben eine Fülle, die auch mit Gott zu tun hat:

"The meaningful life adds one more component: using these same strengths to forward knowledge, power, or goodness. A life that does this is power, or goodness. A life that does this is pregnant with meaning, and if God comes at the end, such a life is sacred" (Seligman, 2007, S. 258).

Hauptproblem für gebildete Menschen wie Seligman und seine Mitarbeiter, ist das Problem des Übels. Sie können die Problematik des freien Willens, der Allwissenheit und Allmächtigkeit Gottes nicht mit der Realität des Übels verbinden, was für alle Menschen schwer ist. Deswegen haben sie große Probleme, an einen allmächtigen und gnädigen Gott zu glauben, der so viel Übel und Leid erlaubt. Die gleiche Problematik trifft viele denkende Menschen.

Diese kurze Analyse zeigt, dass es viele gute Ansätze in der Positiven Psychologie gibt, die auch in der christlichen

Seelsorge gut anwendbar sind. Ethische und soziale Werte sind fast identisch. Als weitere Übereinstimmungen mit der Positiven Psychologie sind wertvolle geistliche Werte wie Charakter, Hoffnung, Liebe usw., als eine wissenschaftliche Bestätigung und praktische Vertiefung der Charakterlehre erkennbar. Deswegen sind ihre ethischen Werte auch innerhalb der Seelsorge und Therapie zu empfehlen, als eine Methode der Verstärkung des seelischen Immunsystems, die nicht nur gegen alle negativen Erfahrungen und Probleme dienen kann, sondern auch zum Ausbau eines glücklichen Lebens und der Persönlichkeit.

2.6.2. Seelsorge und Resilienz

Obwohl die Resilienz eine persönliche (vererbte) Eigenschaft sein kann, ist es möglich, sie zu erlernen – das sind Verhalten, Gedanken und Aktivitäten, die man lernen und kultivieren kann (Higgins 1994, zitiert in Lopez & Snyder, 2011, S. 166). Forschungen von Higgins (1994) zeigen, dass manche Menschen, die schwere Leiden erlebt haben, viel stärker geworden sind, als sie sich vorgestellt haben (Lopez & Snyder, 2011). Resilienz in der Seelsorge aufzubauen bedeutet, statt überwiegend über die Anfälligkeit und Kränkungen, mehr über die Fähigkeiten zu reden, die effektiv den seelischen Wiederaufbau fördern (ebd.). Es besteht immer die Gefahr, sich auf Probleme und die Heilung von seelischen Schäden zu konzentrieren („the damage model", Wolin & Wolin, 1993, zit. in ebd.), statt auf die persönlichen und evenutell familiären Stärken.

Im Prozess des Resilienzaufbaus der traumatisierten Menschen ist es wichtig, beide Faktoren zu erkennen – Schutz- und Risikofaktoren. Risikofaktoren wie geringe Selbstwertschätzung, Suchtabhängigkeit, häusliche sexuelle Gewalt usw. beeinflussen Problem- und Gefahrenerkennung, Problemlösungsstrategien und Betrachtung der alternativen Situationen sehr negativ (Lopez & Snyder, 2011). Schutzfaktoren in der Seelsorge verbessern die Selbstwertschätzung und entwickeln die Selbstschutzmaßnahmen:

> „Protective factors include faith, morality, a sense of humor, insight, independence, the ability to connect/attach to others appropriately to form relationships, initiative, and creativity (Ungar & Liebenberg 2008, Peters, Leadbeater, & McMahon, 2010). These resiliencies form a framework that gives individuals and families an edge in combating adversity" (Lopez & Snyder, 2011, S. 167).

Durch die Kriegstrauma-Therapie, Beratung und Seelsorge ist es sehr wichtig, den Ratsuchenden auch die Unterstützung zu gewährleisten – sowohl im Therapie- / Beratungsprozess, als auch in der sozialen Umgebung (ebd.), besonders durch das Einbeziehen der Familienglieder. Jedoch ist der wichtigste Beitrag der Seelsorge der Aufbau des Vertrauens in Gott und die Stärkung sowohl der Hoffnung, als auch des Glaubens in die Leitung Gottes in allen Zeiten (Sprüche 3,5.6; 1. Pt. 5,7). Dazu zählt die Suche nach den persönlichen Stärken und Erfahrungen, wo Gott der Person die nötige Kraft und den Segen geschenkt hat. Das führt zur Erkenntnis der Stärken, der Resilienz und der Verantwortung, wie Probleme im Vertrauen an Gott zu lösen und eigenes Verhalten zu ändern ist (Lopez & Snyder, 2011).

„As clients begin to recognize that amid their problems they also have God-given strengths, they are able to harness hope and confidence that healing and restoration can happen for them. The result is a demonstration of competence and an escape from lifelong mental distress.

Oftentimes persons are unaware of their resiliencies and either ignore or downplay them. But as counselors listen to clients' narratives, they can identify resiliencies and, through open-ended questioning, help clients discover the manifestations of these qualities. Helping clients reframe their stories to include application of their faith and belief in their identity in Christ catapults the ability to identify strengths, resiliencies, and responsibilities, and it ultimately leads to improved problem solving and a change in their behavior. Resilience is the picture of one's faith lived out in the midst of difficult circumstances, supported by moral and conscientious decision making" (Clinton & Hawkins, 2011, S. 167).

Hierzu ist die Frage des Leidens im Kontext der Gnade und Herrschaft Gottes sehr wichtig:

- Wie steht Gott zu menschlichen Leiden?
- Wo ist er in derartigen Momenten?

Es ist wichtig zu betonen, dass Gott das Leiden nicht verursacht hat, sondern es **erlaubt**, weil er den Menschen den freien Willen gegeben hat, sich entweder für ihn oder gegen ihn zu entscheiden. Nach der Bibel hat der Schöpfer erste Menschen als Herrscher über die Erde erschaffen,[59] mit dem

---

[59] 1. Mose **[1.26]** Und Gott sprach: Lasset uns Menschen machen, ein Bild, das uns gleich sei, die da herrschen über die Fische im Meer und über die

Recht, die oberste Herrschaft Gottes anzuerkennen oder nicht – inklusive der Folgen danach. Die Freiheit ist für ihn ein Heiligtum und deswegen hält er sich konsequent an das Gesetz des freien Willens. Und eben hier liegt das schwierige Problem, auch für den allmächtigen Gott. Wie kann er Menschen beschützen, Leiden verhindern und trotzdem allen Beteiligten die Freiheit gewähren? Wie darf er sich im Leben derer einmischen, die nicht auf seiner Seite sind? Diese Verhältnisse sind uns Menschen sehr oft unklar und schwer begreiflich. Deswegen können wir seine anscheinende Abwesenheit in vielen schwierigen Situationen nicht verstehen.

Obwohl er Leiden in den meisten Fällen nicht verhindert (weil er sich an das Gesetz des freien Willens hält), **nutzt** er sie, um Menschen auf ein höheres geistliches Reifeniveau zu führen. Dazu nutzt er Lebenskrisen, um uns zu helfen, seine Liebe und Hilfe noch tiefer zu erfahren als in normalen Situationen (Lopez & Snyder, 2011). Oftmals helfen geistliche Krisen, das falsche Verständnis von Gott zu korrigieren, oder den verlassenen Glauben wiederherzustellen (Lopez & Snyder, 2011). Das beste Beispiel der geistlichen Resilienz war Hiob, der sich trotz schlimmster Verluste und Schicksalsschläge Gott vertraut hat (Hiob 19,25-27). Er hat nicht die ganze Situation verstanden, weshalb er die Leiden zu ertragen hat. Dennoch hat er schließlich eingesehen, dass er

Fortsetzung von der vorigen Seite

Vögel unter dem Himmel und über das Vieh und über alle Tiere des Feldes und über alles Gewürm, das auf Erden kriecht.

das alles nicht verstehen kann, weil es sein Verständnis überragt:

> Hiob 42,3 [**42.3**] "Wer ist der, der den Ratschluß verhüllt mit Worten ohne Verstand? Darum hab ich unweise geredet, was mir zu hoch ist und ich nicht verstehe."

Schließlich hat er sein Vertrauen an Gott geäußert und seine Bereitschaft ausgedrückt, sich von ihm belehren und führen zu lassen (Hiob 42,2-6).

Apostel Paulus verrät das Geheimnis der inneren Resilienz und Stärke mit der folgenden Aussage:

> Epheser [3.14] „Deshalb beuge ich meine Knie vor dem Vater, [**3.15**] der der rechte Vater ist über alles, was da Kinder heißt im Himmel und auf Erden, [**3.16**] daß er euch **Kraft** gebe nach dem Reichtum seiner Herrlichkeit, **stark zu werden durch seinen Geist an dem inwendigen Menschen**, [**3.17**] daß Christus durch den Glauben in euren Herzen wohne und ihr in der Liebe eingewurzelt und gegründet seid." (Luther Bibel 1998; [Hervorhebung D. M])

Die Resilienz, welche die Apostel Jesu erreicht haben, kam nicht aus ihrer Kraft, sondern vom Heiligen Geist, der ihnen die übermenschliche Kraft verliehen hat. Deswegen ist die Mitarbeit mit dem Geist Gottes sehr wichtig im Seelsorge- / Beratungsprozess. Dieser Reifungsprozess kann durch die Seelsorge nicht nur betont, sondern auch praktisch gefördert werden – inmitten der Schwierigkeiten den Ratsuchenden helfen, die Liebe Gottes zu den Leidenden zu erkennen. Dazu kann man auch konkret daran arbeiten, die liebevolle Unterstützung der Familie und des Freundschaftskreises zu verstärken, um die positiven Elemente inmitten der Schwierigkeiten zu erkennen und erleben zu können.

Es ist auch gut, den Ratsuchenden den Umgang Gottes mit dem Leid zu zeigen – das ist besonders durch das Beispiel von Jesus Christus sichtbar. Er hat in unserer menschlichen Natur wegen unseren Fehlern freiwillig gelitten, um uns die Freiheit vom Bösen und das ewige Leben zu gewähren. Genauso, wie alle resilienten Menschen, war er nicht glücklich, zu leiden – das zeigen seine drei Gebete in Gethsemane.[60] Aber er hat die Leiden angenommen und absichtlich erlaubt, um ein höheres Ziel – die Erlösung der Menschheit – zu erlangen. Trotz der unmenschlichen Leiden hat er das Unerträgliche ausgehalten, weil er alles mit einem höheren Lebenssinn getan hat. Sein Beispiel hat vielen Christen die übermenschliche Kraft gegeben, schlimme Leiden und Ungerechtigkeit auszuhalten, ohne den Verstand zu verlieren (besonders bei Verfolgungen und zu Kriegszeiten) oder Täter zu werden (»Introjekte«). Deswegen hat das ursprüngliche Christentum eine inspirative Kraft für eine erfolgreiche Seelsorge und Beratung.

2.6.3. Forschung über den Einfluss des Glaubens auf die Gesundheit

Wenn traumatisierte Menschen offen für den Glauben sind, können ihnen verschiedene biblische Lebensgeschichten interessante Anregungen sein, wie das Vertrauen in Gott, auch

---

[60] Lukas [22.42] „und sprach: Vater, willst du, so nimm diesen Kelch von mir; doch nicht mein, sondern dein Wille geschehe!"

bei Schwierigkeiten, das Glück stärken kann. Die „säkulare" Geschichte erwähnt kaum das Wort „Glück" im Kontext der traumatischen Erfahrungen. In der heiligen Geschichte der Bibel kann man solche Berichte finden, wie bei den folgenden Beispielen:

▪ Bericht über Josef, den Sohn Jakobs, des Patriarchen Israels, dem in der Gefangenschaft, nach einer äußerst schweren traumatischen Erfahrung des Verrats seiner Brüder und der Entführung nach Ägypten „alles glückte", weil: „der HERR war mit Josef" (1. Mose 39,1);

▪ Über den damals zukünftigen König David wurde berichtet, dass inmitten der traumatischen Erfahrungen der Mordversuche des Königs Sauls gegen ihn, David weise handelte „in allem seinem Tun, und der Herr war mit ihm" (1. Samuel 18,14; Luthers Bibel 2009). „Weise" handeln ist nach der Positiven Psychologie eine von den Glückscharaktereigenschaften mit der Erklärung, dass der Herr mit ihm war;

▪ Über den Prophet Daniel steht auch etwas Ähnliches geschrieben – trotz der vorher traumatischen Erfahrung, dem Verbringen einer ganzen Nacht in der Löwengrube: „Und Daniel so prosperierte im Königreich Darius…" (Daniel 6,29 nach dem heb. Original). Trotz aller Schwierigkeiten hat Daniel statt einer Posttraumatischen Störung das „flow" entwickelt.

Solche Erfahrungen haben viele Menschen gehabt, unter ihnen auch ich, dass der positive Glaube an Gott sogar inmitten hoch traumatischer Erfahrungen eine Entlastung und eine „Glückserfahrung" schenken kann, mit der Zuversicht, dass Er helfen und alles positiv vollenden kann. In einer eventuellen weiteren Studie können derartige Umfragen einen wichtigen Forschungsbeitrag leisten.

Dennoch sollte sich jede/-r SeelsorgerIn und christliche/-r LebensberaterIn die heutige Realität bewusst machen. Im 21. Jahrhundert kommen neue Herausforderungen auf die Seelsorge zu, die gleichzeitig neue Betonungen und Zugänge verlangen. Eine sehr große Herausforderung für die christliche Beratung und Seelsorge ist eine gegenwärtige und ständig veränderliche

> „Lebens- und Arbeitswelt in der postmodernen Gesellschaft, die damit einhergehende Flexibilitätserfordernis und die Notwendigkeit lebenslangen Lernens inmitten eines weltanschaulichen Pluralismus bisher unbekannten Ausmaßes" (Nestmann, Das Handbuch der Beratung 1, 2007, S. 156).

Durch eine zunehmende Säkularisierung der Gesellschaft kommt auch die Abnahme des Interesses am Kirchenleben und gleichzeitig die Zunahme einer kritischen Einstellung gegenüber Kirchen allgemein (Nestmann, Das Handbuch der Beratung 1, 2007, S. 156). Einerseits entsteht dadurch eine Zunahme am Vertrauensverlust in christliche Beratern und Seelsorger, anderseits wachsen die geistlichen bzw. spirituellen Bedürfnisse nach Sicherheit, einem Lebenssinn, nach Hoffnung und nach einer sicheren Zukunft. Deswegen ist es, trotz aller negativer Entwicklungen in der Gesellschaft in Bezug auf die allgemeine Atmosphäre gegenüber den Kirchen, sehr wichtig, eine Integration der verschiedenen sozialen Bereiche zu schaffen, wie z.B.

zwischen Psychologie, Psychotherapie, Beratung und der christlichen Seelsorge. Dazu kommt auch die Medizin, die auch im Therapieprozess hilfreich werden kann. Obwohl Psychologen und Berater nicht unbedingt Medizin studieren müssen, ist eine allgemeine medizinische Kenntnis empfehlenswert, um Menschen als eine Einheit bzw. Ganzheit von Seele, Geist und Körper betrachten und behandeln zu können. Dasselbe gilt für eine allgemeine theologische / seelsorgerische Kenntnis, um Menschen mit verschiedenen religiösen Hintergründen und Richtungen besser verstehen und begleiten zu können.

2.6.1.5.   Klinische Bewertungen der Spiritualität

Neue wissenschaftliche Forschungen haben gezeigt, dass es immer mehr klinische Bewertungen über den Glauben und die Spiritualität gibt. Zahlreiche Forschungen in den USA sind der Frage nachgegangen, inwiefern Glaube und Spiritualität einen positiven Einfluss auf die Gesundheit ausüben. Viele von ihnen weisen darauf hin, dass ein aktives geistliches Leben nicht nur psychische Spannung und Depression reduzieren kann, sondern das Leben bis zu 6,6 Jahre verlängern kann (Utsch, 2011). Das gilt jedoch nur für eine positive Beziehung mit Gott. Gläubige Menschen, die mit Angst und Schuldgefühl belastet sind, werden genauso oder sogar noch kränker als durchschnittliche Menschen (Utsch, 2011).

Einer der größten Psychologieforscher, welcher den Glauben mit der Psychologie verbunden hat und als Vorbote der Positiven Psychologie gilt, war ein gläubiger Mensch –

Viktor Frankl (geboren am 26. März 1905 in Wien; † 2. September 1997) (Wikipedia, 2012). In seinem meistverkauften Buch (9 Millionen Exemplare) mit dem Titel »...und trotzdem Ja zum Leben sagen« bezeugt er seine Erfahrung in vier Konzentrationslagern damit, „dass der Geist den Körper bestimmt, dass der Geist den Körper als Instrumentarium benutzt" (Videointerview mit Viktor Frankl: Frankl, 2010). Sein positiver Glaube hat ihm Kraft gegeben, die Leiden und Peinigungen im Lager auszuhalten (mitsamt des Verlustes seiner ganzen Familie) und eine positive Perspektive in schlimmsten Situationen zu entwickeln:

> „Es gibt eigentlich keine einzige Lebenssituation oder Leidenssituation die nicht irgendwelche Möglichkeit böte, sie in eine sinnvolle Leistung umzuwandeln" (Videointerview mit Viktor Frankl: Frankl, 2010).

Es gibt in der letzten Zeit immer mehr Forschungen über den Einfluss des Glaubens auf die Gesundheit. Es folgt eine kurze Zusammenfassung, herausgegeben schon im Jahr 1998 in der Zeitung „Focus":

> „Mehr als 1200 unabhängige Untersuchungen haben in den vergangenen Jahren die Beobachtung bestätigt, dass Religiosität ein wirksames Medikament sein kann. Menschen, die an eine höhere Macht glauben, sind weniger oft im Krankenhaus, genesen schneller von Krankheiten, haben einen niedrigeren Blutdruck und scheinen besser gegen Herz- und Kreislaufkrankheiten geschützt zu sein. Sie sind ferner nach Operationen schneller wieder auf den Beinen und benötigen weniger Schmerzmittel" (dpa/Demography, 2005).

Wie beeinflusst der Glaube konkret das menschliche Wohlbefinden? Welchen konkreten Einfluss hat ein positiver Glaube auf die Gesundheit aufgrund der wissenschaftlichen Forschungsergebnisse?

2.6.1.6.   Glaube und Gesundheit – konkrete Wirkung und Ergebnisse

Eine Forschung über den Einfluss des Glaubens auf die Gesundheit in 1968 an der Harvard Universität (USA) unter der Leitung vom Herbert Benson hat gezeigt, dass die Meditation bzw. das Gebet Stresshormone[61] reduziert und dadurch ihre Folgen[62] zu starker Sekretion vermindert oder sogar komplett vorbeugt (Benson, 1998). Andere Forschungen haben gezeigt, dass Meditation und Gebet effektiv bei der Angststörungsbehandlung verwendet werden können (Lee, Zaharlick & Akers, 2011; zitiert in Clinton & Hawkins, 2011, S. 203). Die neuesten Forschungen in der Naturwissenschaft haben die biblische Weisheit bestätigt (1. Joh. 4,17.18), dass Liebe Angst austreibt (Clinton & Hawkins 2011, S. 203). Die nächste Forschung über das Gebet und positive Emotionen im christlichen Leben ist auch sehr interessant:

---

[61] Adrenalin, Nor-Adrenalin, Epinephrine, und Nor-Epinephrine (Benson, 1998). Dazu gehören auch Corticotropin-releasing hormone (CRH), Adrenocorticotropin (ACTH), Cortisol und Arginin-Vasopressins (AVP) (Wikipedia, 2012).

[62] "[…] increased anxiety, increased anger and hostility, increased mild and moderate depression. They contribute to high blood pressure, hypertension, most heart disease, and angiopectorus. Even heart attacks can be influenced by these hormones." (Benson, 1998)

„The part of the brain in which fear is generated is called the amygdala, whereas the part of the brain in which we experience altruistic love, compassion, empathy, and sympathy is called the anterior cingulate cortex (ACC). Dr. Newberg at the University of Pennsylvania has shown that when individuals aged 60 to 65 meditated 12 minutes a day for 30 days on a God of love, they experience growth in the ACC as measured by MRI brain scans, reductions in heart rate and blood pressure, and improvement in memory testing. Meditating on any other God concept, such as an angry, wrathful, distant, or punitive God did not result in these positive outcomes (Newberg & Waldman, 2009). This means that growth in the ACC from meditating on a God of love calms and reduces the firing of the brains' fear center (the amygdala)" (Clinton & Hawkins, 2011, S. 203).

Solche Forschungen der letzten zwei Jahrzehnte zeigen eine klare Verbindung zwischen dem Glauben und der Gesundheit. Einer der Väter der Positiven Psychologie, Martin Seligman, formuliert das folgenderweise:

„The causal relation between religion and healthier, more prosocial living is no mystery. Many religions proscribe drugs, crime, and infidelity while endorsing charity, moderation, and hard work. The causal relation of religion to greater happiness, lack of depression, and greater resilience from tragedy is not as straightforward. In the heyday of behaviorism, the emotional benefits of religion were explained (away?) as resulting from more social support. Religious people congregate with others who form a sympathetic community of friends, the argument went, and this makes them all feel better. But there is, I believe, a more basic link: religions instill hope for the future and create meaning in life" (Seligman, 2007, S. 57).

Das Wichtigste und Stärkste, was der christliche Glaube den Menschen anbietet, ist die Hoffnung:

> „The relation of hope for the future and religious faith is probably the cornerstone of why faith so effectively fights despair and increases happiness" (Seligman, 2007, S. 58).

Jede Unterstützung und Stärkung des Glaubens durch die Seelsorge, besonders bei kriegstraumatisierten Menschen, ist wünschenswert und hilfreich. Deswegen ist es von enormer Wichtigkeit sowohl für SeelsorgerInnen, als auch für BeraterInnen und TherapeutInnen, sich auch mit der Bedeutung des Glaubens im Leben der Ratsuchenden zu befassen. Daher empfehle ich einen umfangreicheren Ansatz in der Therapie / Beratung als bisher – inklusive der Seelsorge.

2.6.3.3. Der Einfluss der Überzeugungen auf die Gesundheit

Der bereits erwähnte Wissenschaftler Benson hat in seinen Forschungen über den Einfluss der Spiritualität auf die Gesundheit festgestellt, dass unsere Gedanken eine sprengende Kraft haben (Benson, 1998). Er erklärt, warum Glaube und Beziehung mit Gott starke Stressverminderungsmittel sind:

> „Believe in what you know to be important to you, and that belief can definitely counteract the harmful effects of stress. Believe in what you're doing to counteract the stress. Believe in relationships, and if you're of a religious nature, believe in the protective aspects of God. That's good for us because it gives us hope, and that hope is a very wonderful way to cope with many of the stresses of everyday life. Now I'm not saying that we should all believe in God. I'm saying

if your belief system is to incorporate God, and that kind of spirituality, that's wonderful. If you're not religious, then use another belief in which you have faith, and that belief can also help you counteract the harmful effects of stress" (Benson, 1998).[63]

Gedanken und Überzeugungen haben eine gewaltige Kraft, nicht nur im Bereich der Emotionen, sondern auch in der Kommunikation mit unseren Mitmenschen; sie beeinflussen unseren Willen und schließlich den ganzen Körper (Fredrickson, 2011). Bitterkeit verursacht Magenschmerzen, Schulter- und Nackenmuskulaturspannungen, sogar Gesichtsmuskulaturspannungen (Fredrickson, 2011). Diese körperlichen Verspannungen und Schmerzen versetzen die Seele in tiefe Zerschlagenheit in Form von negativer Einstellung – Fehler und Schuld werden überall gesehen, jedoch keine Lösung gefunden (Fredrickson, 2011). Es ist nicht verwunderlich, dass eine positive Befindlichkeit mit einem durchschnittlich

„[...] niedrigeren Blutdruck, weniger Schmerzen, selteneren Erkältungskrankheiten und besserem Schlaf einhergeht. Menschen mit einer positiven Haltung erkrankten insgesamt seltener. Die Risiken für Bluthochdruck, Diabetes oder Schlaganfall sind deutlich geringer. Wissenschaftler haben bereits bestätigt, dass eine positive Befindlichkeit lebensverlängernd wirkt" (Fredrickson, 2011, S. 120).

---

[63] Webseite: „Staying Healthy in a Stressful World", 1998, http://www.pbs.org/bodyandsoul/218/benson.htm, besucht am 16.04.2012.

Der Glaube an einen liebevollen Gott, der uns im Leben trotz aller schrecklicher Erfahrungen begleitet und vom inneren Übel beschützt, gibt eine Zuversicht, auf dem sicheren Weg gehen zu können. Das Bewusstsein, dass auf dieser Erde die Sünde und Satan vielen Menschen das Übel verursachen, gibt ein klares Verständnis der eigenen Leiden und auch des Verhaltens der Täter. Der einzige Mensch, der das vollkommen verstanden hat und dies sogar im schwierigsten Moment seines Leidens am Kreuz, war Jesus:

> Lukas [23.33] „Jesus aber sprach: Vater, vergib ihnen; denn sie wissen nicht, was sie tun! Und sie verteilten seine Kleider und warfen das Los darum."

Laut Bibel, geblendet vom hypnotischen Einfluss der Sünde und der Verführung Satans, erlauben sich viele Menschen das Übel oft nicht dessen bewusst, was sie damit eigentlich anderen und auch sich selbst zufügen. Auch in schwierigen Lebensmomenten, die manchmal absolut unerklärlich sind, gibt der Glaube mehr Geduld und Vertrauen darauf, dass die vollkommene Gerechtigkeit durch das Gericht Gottes spätestens bei der Wiederkunft Christi wiederhergestellt wird. In Bezug auf den Lebenssinn in schwierigen Momenten bietet der biblische Glaube die Möglichkeit an, eines Tages alles verstehen zu können, warum Gott etwas erlaubt hat. Durch den Glauben kann man auch einen höheren Sinn akzeptieren, der noch nicht völlig offenbart ist (enthalten unter dem Titel in diesem Buch: „Ideen über den höchsten Sinn des Lebens und des Leidens - S. 171).

2.6.4. Christliche Beratung und Migration

In Deutschland gibt es neben privaten und staatlichen auch viele christliche Beratungsstellen für MigrantInnen, besonders in größeren Städten, bei den Evangelischen und Katholischen Kirchen und Kirchengemeinden. In Frankfurt am Main ist die dafür zuständige bekannteste Beratungsstelle: »Evangelisches Zentrum für Beratung und Therapie« („Am Weißen Stein"), mit der Abteilung „[…] für Migrantinnen und Migranten sowie Beratung und Therapie für Flüchtlinge" (Evangelischer Regionalverband Frankfurt am Main, 2012). Hinzu kommen Caritas-Beratungsstellen für Migranten und Flüchtlinge deutschlandweit. Sie haben verschiedene Dienstleistungen entsprechend der Bedürfnisse der KlientInnen. Dennoch sind Erfahrungen mit der Positiven Psychologie bei ihnen allen immer noch kaum vorhanden.[64] Das ist verständlich, da sie noch immer neu in der Psychologie, Psychotherapie und Beratung ist. Dies ist aber ein Zeichen der Notwendigkeit der weiteren Forschung und Arbeit an einer integrativen Positiven Seelsorge.

2.6.5. Christliche Beratung in der Kriegstrauma-Therapie

Seelsorge bedeutet keinen Ersatz für die Trauma- bzw. Kriegstraumatherapie, sondern „[…] erste seelische Hilfe in akuten Notfallsituationen […]" (Klessmann, 2008). Klessmann stellt die Seelsorge in vier vereinfachten Schritten dar:

---

[64] Die Zusammenfassung der Befragungen an verschiedenen christlichen Beratungsstellen deutschlandweit.

„Symptome einer traumatischen Krise erkennen"
(Klessmann, 2008, S. 296),

„Stabilisieren" (ebd.),

„Orientieren" (ebd.), und

„Ressourcen aktivieren" (ebd.).

Dabei ist es für christliche BeraterInnen von
wesentlicher Bedeutung, ein vertrauensvolles Verhältnis zu
den Ratsuchenden zu entwickeln.

2.6.5.1. Ein Vertrauensverhältnis

Wie hilft man traumatisierten Menschen in der
Seelsorge? Das Vertrauen in einer solchen Konstellation der
Traumatisierung, bzw. des Kriegstraumas ist wichtiger als die
methodische Beratung – sogar entscheidend (Reddemann,
2011).

1. Zuerst schafft man **Verständnis für das Leid** der
Ratsuchenden. Aufgrund dessen ist hier das verständnisvolle
Zuhören die goldene Regel, genauso wie in der
Psychotherapie. Das Zuhören mit möglichen, vernünftig
informativen (und manchmal „diagnostischen") Fragen (siehe
die Fragen zur Biographie, S. 86) schafft Vertrauen und gibt
einen besseren Überblick über die ganze Situation beider
Parteien (Clinton & Hawkins, 2011). Die Fragen sollten
unbedingt auf die persönlichen emotionalen und ethischen
Erlebnisse der Ratsuchenden bezogen werden. Manchmal ist
es besser, ein offenes unstrukturiertes Interview zu führen,
manchmal ein weniger strukturiertes.

2. Durch das gewonnene Vertrauen kann man den
Ratsuchenden anschließend **ein positives Verständnis des**

Lebens vermitteln – einen positiven Lebenssinn. Eine große Hilfe kann auch der bibelorientierte Lebenssinn sein – die Liebe zu Mitmenschen und zu Gott zu entwickeln, um das Gute zu tun. Der höhere Lebenssinn (das gleichgenannte Kapitel in diesem Buch) kann mehr Verständnis darüber geben, wozu wir Menschen da sind.

3. Das gemeinsame und auch persönliche Gebet des Ratsuchenden ist ein dritter Weg der **Trost- und Hoffnungsgewinnung**. Deswegen ist es wichtig, Menschen aufzuklären, wie man mit Gott im Vertrauen reden und die Gewissheit gewinnen kann, dass Gott unsere Gebete hört und sie auch erhört, unabhängig von unseren Emotionen. Dazu gehört auch die Fertigkeit, auf die Stimme Gottes zu hören:

- durch die Bibel,
- durch die Schönheit in der Natur,
- durch positive Lebensereignisse,
- durch gute Menschen,
- durch unser Gewissen
- durch leise positive Gedanken, die uns im Alltag an die wichtigen Sachen erinnern oder darauf aufmerksam machen.

Wer offen für die Stimme Gottes ist, kann das erlernen und erfahren. Ich persönlich profitiere davon jeden Tag.

Viele, insbesondere junge und emotionale Menschen haben das Problem im Bereich des Glaubens, weil sie meinen, Gott würde ihnen nicht zuhören. Laut Bibel hört und sieht Gott alle Gedanken und Prozesse sowohl in der ganzen Natur als auch in uns Menschen. Deswegen gibt es absolut nichts, was er nicht hört, oder sieht. Eine nicht weniger wichtige Voraussetzung für ein vertrauensvolles Verhältnis mit Ratsuchenden ist die Schweigepflicht, die zwar nicht juristisch, aber ethisch für alle SeelsorgerInnen verpflichtend ist. Dazu gehört auch Pünktlichkeit bei den Terminvereinbarungen und den Terminen. Eine rechtzeitige Absage in Fällen der Verhinderung ist auch sehr wichtig. Die gleiche Regel gilt auch für die Ratsuchenden.

2.6.5.2. Christliche Trauerberatung

In jedem Kriegstrauma entsteht ein Verlust – der Sicherheit, der Würde, des Eigentums und nicht selten der Familienglieder. Die natürliche Reaktion darauf ist Trauer (Shear et al., 2011; Humphrey, 2009, zit. in Lopez & Snyder, 2011, S. 393). Sie ändert das ganze Leben und sehr oft, wenn sie zu tief ist und von längerer Dauer, auch die ganze Persönlichkeit, dies ist jedoch bei jeder Person anders (Lopez & Snyder, 2011). Trauer entsteht nicht nur als Antwort auf den Tod oder das Sterben, sondern auch bei einer Scheidung, einem Arbeitsverlust, bei enttäuschten Erwartungen und Träumen (Lopez & Snyder, 2011). Eine häufig begleitende Erfahrung im Fall eines Kriegstraumas ist die Trauerbearbeitung – als ein normaler Bestandteil des Lebens (Klessmann, 2008; Clinnton & Hawkins, 2011). Es ist eine schwere Lebensphase für die Ratsuchenden, weil es überwiegend um einen gewalttätigen und ungerechten Tod ihrer Angehörigen geht. Trauer über verlorene Familienglieder oder Sterbebegleitung sind nicht selten eine Herausforderung für PsychotherapeutInnen und christliche SeelsorgerInnen.

Akute Trauerreaktionen sollten nicht pathologisch diagnostiziert und betrachtet werden. Die Trauer kann in verschiedene Facetten nach der Intensität und Dauer gegliedert werden (Lopez & Snyder, 2011), komplizierte Trauer kann pathologisiert werden im Unterschied von akuter Trauer (Shear et al., 2011, zit. in Lopez & Snyder, 2011, S. 393). Obwohl die Trauer noch nicht in DSM-VI-TR verzeichnet ist, empfehlen Shear und seine Kollegen (2011), die komplizierte Trauer in DSM-V einzutragen (Lopez & Snyder, 2011). Sie ist von unterschiedlicher Dauer und Intensität des Verlustes und von der Person abhängig, kommt bei 10% der Hinterbliebenen vor (Shear et al., 2011; zit. in Lopez & Snyder 2011, S. 393), überwiegend bei Frauen (Lopez & Snyder, 2011). Das Risiko für die komplizierte Trauer entsteht bei einem Kindverlust, Leiden von Natur- oder Kriegskatastrophen, oder wegen Gewalt (Lopez & Snyder, 2011). Es ist bemerkenswert, dass Kinder die Trauer anders als Erwachsene erleben (ebd.). In der Kinderberatung sollte den Kindern die Möglichkeit gegeben werden, ihre Trauer und ihren Verlust malerisch oder spielend auszudrücken (ebd.).

Bei einem Kriegstrauma ist das alles noch komplizierter, weil brutale Vorgänge in breiterem Rahmen des kollektiven Bewusstseins über Grundwerte und Verluste der physischen, mentalen und geistlichen Identität geschehen (Lopez & Snyder, 2011). Die Folgen sind posttraumatische Belastungsstörungen (PTBS), aber auch andere schwere Störungen, katalogisiert in ICD-10 und DSM-IV (Lopez & Snyder, 2011). Bei den Angehörigen oder betreuenden Menschen der Traumatisierten entsteht die sekundäre

Traumatisierung, die in der Beratung und Seelsorge auch thematisiert werden sollte (Lopez & Snyder, 2011).

Eine besondere Behandlung benötigen traumatisierte Soldaten, weil durch das militäre Leben und die militäre Kultur Schwäche sehr stark stigmatisiert wird (ebd.). Dadurch erleben Soldaten einen zusätzlichen Druck und eine doppelte seelische Belastung. Die richtige Einordnung zwischen einem Normalisationsprozess der Reaktionen auf den Stress des Militärlebens und auf das Kriegstrauma ist ein erster Schritt, wie man eine Lösung mithilfe der zuständigen Institutionen finden kann (ebd.). Dennoch verlangt die Kriegstraumatherapie der Bundeswehrsoldaten eine besondere Ausbildung, die meistens nur Bundeswehrtraumatologen in dafür zuständigen Traumazentren haben. Dessen sollten sich TherapeutInnen / BeraterInnen / SeelsorgerInnen bewusst sein.

2.6.5.3. Geschichtliche Entwicklung der Trauerseelsorge

Das erste Werk über das Verständnis von Trauer erschien 1972: „Der Prozess des Trauens" (vom Theologen Yorick Spiegel). Etwas später, in den 1980er Jahren, erschien das Buch „Trauern. Phasen und Chancen des psychischen Prozesses", von der Psychotherapeutin Verena Kast aus der Schweiz. Diese Bücher gelten heute jedoch als überholt (Nestmann, 2007b, S. 1140).

Heutige Maßstäbe für die Trauerbegleitung hat der amerikanische Psychologe William Worden festgelegt, durch sein Konzept zur Trauerberatung als Wachstum und Entfaltung der Menschen (ebd.). Er legt die Hauptaufgaben der Trauerberatung fest:

> „Worden nennt vier solcher ‚Grundaufgaben'" (Worden, 1999, S. 19-25):
>
> - „Die Realität des Verlustes akzeptieren,
> - Trauerschmerz erfahren und verarbeiten,
> - sich einer Umgebung anpassen, vom Betroffenen festgelegt
> - dem Verstorbenen emotional einen neuen Platz zuweisen um das eigene Leben wieder aufzunehmen." (Nestmann, 2007b, S. 1141).

Amerikanische Forscher der konstruktivistischen Orientierung haben dieses Model weiter mit den folgenden Traueraufgaben ergänzt:

1. **Suche nach dem Sinn** („meaning reconstruction, Neimeyer, 2001", zit. in Nestmann, 2007b, S. 1141); schwere Ereignisse ändern unser Weltverständnis. Eine Sinnfrage und ein neues Verständnis des Lebens sind daher unbedingt notwendig;

2. **Die bleibenden Verbindungen erkennen und pflegen** („continuing bonds, Klass, 1996", zit. in Nestmann, 2007b, S. 1141) – beim Kriegstrauma entstehen Bindungsverluste. Die Kraft, das zu bewältigen, sollte man in Bindungen suchen, womöglich mit verbliebenen Familiengliedern;

3. **Die Welt wieder neu kennenlernen und verstehen** („relearning the world, Attig, 1996", zit. in Nestmann, 2007b, S. 1141). Traumatische Erfahrungen sind wie ein Erdbeben für die bisherige Weltanschauung. Negative

Erlebnisse können in vielen Fällen zwei Extreme verursachen – entweder ein komplett negatives Verständnis der Welt („alle sind böse"), oder von sich selbst („ich habe das verdient"). Deswegen ist das biblische Verständnis und die Sinneserklärung ausgewogen und lösungsorientiert. Mehr darüber im Kapitel „Sinnarbeit in der Seelsorge".

2.6.5.4. Praktische Hilfe

Migranten und Flüchtlinge haben oft Probleme, mit denen sie sich auseinandersetzen müssen: Sprachhindernis, Kulturschock (Anpassung an eine neue Kultur und Sozialstruktur), Aufenthaltsprobleme, Arbeits- und Existenzprobleme, psychische und gesundheitliche Belastungen, nicht selten auch Familienkrisen und vieles mehr. Obwohl sie vertrauensvolle Gesprächspartner in einem/-er BeraterIn brauchen, ist praktische Hilfe noch mehr gefragt. Deswegen beschäftigen sich solche Beratungsstellen mit allen für sie zuständigen Dienstleistungen, was von ausgeprägter Bedeutung für solche Menschen ist. In dieser Hinsicht ist die Empfehlung der Positiven Psychologie, sich mit allen unterstützenden Institutionen zu beschäftigen, sehr notwendig und praktisch. Das ähnliche gilt auch für die Seelsorgearbeit. Solche Leistungen übernehmen meistens die Sozialarbeiter bei den zuständigen Kriegstrauma-Zentren. Im Fall einer privaten Praxis ist eine Kooperation mit einem dafür zuständigen Sozialzentrum empfehlenswert.

2.6.6. Sinnarbeit in der Seelsorge

Menschen mit Kriegstrauma haben sehr oft einen Sinn- und Glaubensverlust erlebt. Sie können nicht verstehen, worin ihr Lebenssinn liegt, wenn durch den erlebten Krieg alles verloren gegangen ist. Sehr oft wird die ganze Persönlichkeit durch die Gewalterfahrung, Erniedrigung und den Wertverlust angegriffen. Gläubige Menschen haben ein zusätzliches Problem, das durch eine oft wiederholte Frage ausgedrückt wird: „Wo ist Gott? Warum hat er das nicht verhindert?" Da diese Problematik sehr oft missverstanden wird, verlieren viele Menschen ihr Vertrauen in Gott und in andere Menschen und lehnen sogar ihren ganzen Glauben ab und werden starke Skeptiker und Glaubenskritiker (Nestmann, 2007b).

Die Aufgabe der Seelsorge ist es, die Hoffnung bei den Menschen wiederzugewinnen, dass Gott uns in diesem ungerechten Lebenskampf seine Hilfe und Begleitung anbietet und eines Tages, wenn Jesus wiederkommt, eine gerechte Welt für uns schaffen wird, in der Ungerechtigkeit für immer vergehen und entfernt werden soll.

Eine sehr wichtige Rolle der Seelsorge ist, den Menschen eine treffende **Lebensdeutung und einen Lebenssinn zu geben**. Die damit verbundene Methode heißt „Sinnarbeit" (Klessmann, 2008). Außerdem ist es wichtig, solchen Menschen auch eine sinnvolle Erklärung für den Sinn des Leidens zu geben, damit sie erkennen können, dass sie von Gott nicht im Stich gelassen wurden und dass ihr Lebenssinn nicht verloren gegangen ist (siehe das folgende Kapitel). Damit beschäftigt sich die von Dr. Viktor Frankl gegründete

Logotherapie als „Sinnzentrierte Psychotherapie" (Frankl, 2010). Das haben auch die Forschungen der Positiven Psychologie als wichtige Aufgabe gesehen (Seligman, 2007).

Bei Menschen, die traumatisiert sind, können eine vernünftige und für sie akzeptable Lebensdeutung und der allgemeine Lebenssinn von großer Bedeutung und großer Hilfe sein. Es ist aber eine sehr große Herausforderung für jede/-n SeelsorgerIn bzw. BeraterIn, den Sinn des Leidens vernünftig zu erklären. Gläubige Menschen haben oft das ernsthafte Problem, die Herrschaft Gottes mit ihrem Fall ins richtige Verhältnis zu setzen. Die standardisierte Logik behauptet, dass Gott für alles verantwortlich ist und dass nichts ohne seine Erlaubnis geschehen kann und darf: „Wenn der allmächtige Vater gut und fürsorglich ist, warum erlaubt er, dass schlimme Dinge auch die Unschuldigen betreffen? Wo war er dann?" – Diese Fragen stellen besonders die Betroffenen von der Ungerechtigkeit, Erniedrigung und Gewalt. Die schlimmste und katastrophale Antwort darauf wäre: „Es war der Wille Gottes", weil Gott immer gegen Ungerechtigkeit auftritt. Die ganze Bibel bezeugt das. Mehr darüber im nächsten Kapitel.

Es ist wichtig, den Ratsuchenden zu verdeutlichen, dass diese Welt nicht nach dem Willen Gottes funktioniert, weil sie ursprünglich ganz anders – vollkommen erschaffen war. Hier kommt eine **Sinnrekonstruktion** zu Stande. Im nächsten Kapitel werden alle wichtigen Momente in Bezug auf diese Problematik behandelt.

Resilienzfördernd: Obwohl Gott keine Verteidigung braucht, ist es wichtig, den Ratsuchenden zu helfen, sich nicht von Gott abgewiesen und verlassen zu fühlen, sondern zu verstehen, dass Gott auch mit ihnen leidet und sie im Leid begleitet (Jes. 63,8.9).[65] Auch das Gerechtigkeitsbedürfnis und -gefühl sind wichtig. Viele leidende Menschen fragen sich, warum Gott die Ungerechtigkeit nicht bestrafft, sondern sehr oft straffrei lässt. Dadurch entsteht nicht nur ein Ohnmachtsgefühl, sondern sehr oft eine Verbitterung und Enttäuschung, weshalb ihre negative psychische Lage sehr oft in eine Depression führen kann.

Theodizee – Frage der Leidensursache. Hier ist die **Sinnarbeit** sehr wichtig („meaning" in der Positiven Psychologie; Seligman, 2007), um die Frage der Ungerechtigkeit besser verstehen zu können. Jesus Christus ist die Antwort darauf. In ihm ist die ganze Ungerechtigkeit dieser Welt verurteilt und bestraft worden – er hat die Sünden aller Menschen auf sich genommen und sie mit sich in Tod genommen (Jes. 53,5-8).[66] Er hat jede Ungerechtigkeit durch seinen eigenen Tod verurteilt (Röm. 8,3)[67] und auch den Zorn

---

[65] Jes. [**63.8**] „Denn er sprach: Sie sind ja mein Volk, Söhne, die nicht falsch sind. Darum ward er ihr Heiland [**63.9**] in aller ihrer Not. Nicht ein Engel und nicht ein Bote, sondern sein Angesicht half ihnen. Er erlöste sie, weil er sie liebte und Erbarmen mit ihnen hatte. Er nahm sie auf und trug sie allezeit von alters her."

[66] Jes. [**53.5**] „Aber er ist um unsrer Missetat willen verwundet und um unsrer Sünde willen zerschlagen. Die Strafe liegt auf ihm, auf daß wir Frieden hätten, und durch seine Wunden sind wir geheilt. [**53.6**] Wir gingen alle in die Irre wie Schafe, ein jeder sah auf seinen Weg. Aber der HERR warf unser aller Sünde auf ihn. [**53.7**] Als er gemartert ward, litt er doch willig und tat seinen Mund nicht auf wie ein Lamm, das zur Schlachtbank geführt wird; und wie ein Schaf, das verstummt vor seinem Scherer, tat er seinen Mund nicht auf. [**53.8**] Er ist aus Angst und Gericht hinweggenommen. Wer aber kann sein Geschick ermessen? Denn er ist aus dem Lande der Lebendigen weggerissen, da er für **die Missetat meines Volks geplagt war.**" [Hervorhebung – D.M.]

Gottes gegen jede Ungerechtigkeit selbst erlebt (Gal. 3,13).[68] Dazu ist es wichtig, auch auf die Gerechtigkeit Gottes durch sein Gericht und die Gerechtigkeitswiederherstellung bei der Wiederkunft Christi hinzuweisen (Off. 22,12)[69].

Doch diese Zeit ist noch nicht gekommen und deswegen herrscht die wahre Gerechtigkeit Gottes noch nicht auf dieser Erde. Die Frage: „Warum lässt Gott die Ungerechtigkeit herrschen?" ist eine Frage der Zeitbestimmung. Alles zu seiner Zeit. Jetzt ist das Zeitalter, das Gott den Menschen gegeben hat, um sich völlig ungestört so zu offenbaren, wie sie eigentlich sind (dieses Zeitalter ist bestimmt für „den Menschen der Bosheit")[70]. Viele verstehen Folgendes nicht: Wenn Gott jede Ungerechtigkeit verhindern würde, dann könnte kein Mensch überleben, weil wir alle vor Gott ungerecht sind. Diese Zeit der Freiheit, wo jeder Mensch die Gelegenheit hat, frei vor Gott das zu tun was er will, ist eigentlich die Gnade Gottes. Es ist nicht leicht für uns, auch nicht für Gott, aber das ist der einzige Weg, den Menschen die volle Freiheit zu gewähren. Noch einmal ist zu betonen: die

Fortsetzung von der vorigen Seite

---

[67] Römern [**8.3**] „Denn was dem Gesetz unmöglich war, weil es durch das Fleisch geschwächt war, das tat Gott: er sandte seinen Sohn in der Gestalt des sündigen Fleisches und um der Sünde willen und verdammte die Sünde im Fleisch,"

[68] Galater [**3.13**] „Christus aber hat uns erlöst von dem Fluch des Gesetzes, da er zum Fluch wurde für uns; denn es steht geschrieben (5. Mose 21,23): "Verflucht ist jeder, der am Holz hängt".

[69] Offenbarung [**22.12**] „Siehe, ich komme bald und mein Lohn mit mir, einem jeden zu geben, wie seine Werke sind."

[70] 2. Thessalonichern [**2.3**] „Laßt euch von niemandem verführen, in keinerlei Weise; denn zuvor muß der Abfall kommen und der Mensch der Bosheit offenbart werden, der Sohn des Verderbens."

Freiheit des Willens ist für Gott heilig. Jetzt üben wir unsere, menschliche Gerechtigkeit, die uns am meisten unglücklich macht. Aber alle Leidenden können die Sicherheit haben, dass die absolute Gerechtigkeit Gottes eines Tages eintreffen wird, weil der Herrscher des Universums das bestimmt und versprochen hat (Off. 22,6).[71]

Es ist auch sehr hilfreich, die **Hoffnung** der Ratsuchenden zu stärken, dass Gott aus dem Leid schon jetzt und auch in der Zukunft etwas Neues schaffen kann. Schon in diesem Leben kann er uns stärken und weiter segnen. Das haben die Forschungen über die Resilienz und das Traumawachstum bestätigt. Die zukünftige neue Welt ist auch eine feste Verheißung dafür (Off. 21,5).[72] Das Vertrauen in den himmlischen Vater und die Hoffnung, dass er uns eine neue Perspektive gibt, kann den trauernden Menschen helfen.

Es ist notwendig, den Ratsuchenden zu erklären, dass es keine allgemein befriedigende Sinnerklärung für alle Erfahrungen gibt. Jeder Fall und jeder Mensch ist anders. Deswegen ist es wichtig, aktiv zusammen mit den Ratsuchenden sensibel nach dem Sinn zu suchen (Klessmann, 2008).

Sinnlosigkeit der Ungerechtigkeit. Demnach ist es wichtig, die KlientInnen darauf vorzubereiten, dass die Ungerechtigkeit keinen Sinn und keine sinnvolle Erklärung

---

[71] Off. [**22.6**] „Und er sprach zu mir: Diese Worte sind gewiß und wahrhaftig; und der Herr, der Gott des Geistes der Propheten, hat seinen Engel gesandt, zu zeigen seinen Knechten, was bald geschehen muß.“

[72] Off. [**21.5**] „Und der auf dem Thron saß, sprach: Siehe, ich mache alles neu! Und er spricht: Schreibe, denn diese Worte sind wahrhaftig und gewiß!“

hat. Wenn eine vernünftige Erklärung für jedes Leid bestehen würde, dann wäre es berechtigt und nicht ungerecht. Die Sinnlosigkeit ist auch ein Teil des Lebens. Tödliche Unfälle, Kriege, Krankheiten haben keinen vernünftigen Sinn – Menschen empfinden dies mit Recht als ungerecht (Klessmann, 2008), weil es wirklich so ist. Die Ungerechtigkeit ist per-se völlig sinnlos und kann nie sinnvoll und berechtigt sein. Das einzige was erklärbar und gesetzmäßig in diesem Kontext ist, aber oft schrecklich, sind natürliche Konsequenzen von Fehlern und Ungerechtigkeit der Täter, die überwiegend und oft die Unschuldigen betreffen.

Warum duldet Gott die Ungerechtigkeit? Die Erklärung, warum Gott die Ungerechtigkeit duldet, liegt in der Freiheit und der Verantwortung der Menschen, die Gott ihnen verliehen hat. Nach der Bibel hat Gott die Menschen als freie Wesen erschaffen, die nicht nur die Freiheit haben das Gute, sondern auch das Böse auswählen zu können. Jedes Leid und Trauma sind oft eine kurz- oder langfristige Folge des falschen menschlichen Handelns. Schließlich ist die ganze negative Realität dieser sündhaften Welt die Folge menschlicher Entscheidungen und nicht der Entscheidung Gottes.

Das schwierigste Problem bei traumatischen Erfahrungen, besonders beim Kriegstrauma, ist die Gerechtigkeitsfrage Gottes in Bezug auf Leiden (Theodizee) (Klessmann, 2008). Kriegstraumatisierte Menschen haben ernsthafte Probleme mit dem Lebenssinn, wenn ihr Lebensfundament und ihre Welt zerstört wird (Familien-, Werte- und Identitätsverlust). Aus diesem Grund ist Sinnarbeit sehr wertvoll, um den Betroffenen ihren Lebenssinn wiederherzustellen. Das ist die feste und wichtigste Grundlage sowohl der Resilienz, als auch des persönlichen Trauma-Wachstums. Wenn man zu den **geistlichen Fragen** gelangt, ist es wichtig, sich an den folgenden Tatsachen festzuhalten, die kein Leid und keine Ungerechtigkeit verändern können:

2.6.6.1. Die Bibel über Ungerechtigkeit, Leid und Tod

Folgende Grundgedanken können hilfreich sein, um den Ratsuchenden die schwierige Problematik des Leides und der Traumatisierung vom Standpunkt der universalen, biblischen Perspektive zu beleuchten:

1. Nach der Bibel ist der Hauptverursacher der Ungerechtigkeit und des Todes der Teufel (Joh. 8,44) und seine gefallenen Engel (Off. 12,9), die über ihnen gehorsamen Menschen das Übel zufügen (2. Tim. 2,26);

2. Menschen sind ursprünglich nach dem Ebenbild Gottes als vollkommen erschaffen (1. Mose 1,26.27; 5,1; Pred. 7,29);

3. Jeder Mensch ist ausnahmslos aufgrund der Schöpfung ein Kind Gottes und deswegen endlos wertvoll für Gott (Joh. 1,12; Ps. 8,6);

4. Gott und seine Herrschaft sind absolut gut – ohne Fehler oder Spuren des Übels (Ps. 31,20; 2. Mose 34,6);

5. Von Gott bekommen wir nur das Positive und das Beste – er kümmert sich um alle und um jeden (Mt. 6,25-32) und führt Menschen auf gute Wege (Ps. 73,23.24; Jer. 29,11);

6. Er gibt seine Hilfe, wo sie nötig ist (Ps. 20,2.3), wenn der Mensch um sie bittet (Joh. 16,24; Heb. 4,16);

7. Die unbefristete Erlaubnis für die Herrschaft des Übels haben eigentlich die ersten Menschen gegeben, allerdings schon zu Beginn der Menschheitsgeschichte (1. Mose 3,17-19; Röm. 5,12).

8. Die Verantwortung für das Übel liegt nicht bei Gott, sondern bei Menschen, weil sie von ihm die volle Herrschaft (und damit auch die Verantwortung) über diese Erde bekommen haben (1. Mose 1,26-28).

9. Da die Menschen nicht mehr nach dem Willen Gottes, sondern nach dem Willen der Schlange – des Satans (nach dem Prinzip der „Sünde") über die Erde regieren wollten, ist alles so entstanden, wie es uns die ganze Menschheitsgeschichte berichtet: Kriege, Hass, Mord und Zerstörung kommen im ganzen Paket des Übels, wofür sich unsere ersten Ureltern entschieden haben. Die Folgen waren unausweichlich (1. Mose 3). Der Vertrag mit Satan ist leider mit beiden Zustimmungen (von Adam und Eva) gültig und deswegen unwiderruflich geworden.

10. Gott erlaubt Ungerechtigkeit und Leid, weil er Menschen den freien Willen und die freie Auswahl ihres Schicksals gegeben hat (1. Mose 2;3), aber er hilft und tröstet uns in unseren Leiden (2. Kor. 1,2.4);

11. Durch seine furchtbaren Leiden hat Jesus gezeigt, dass nur er Leid, Trauer und Sünden aller Menschen tragen und überwinden kann (Heb. 4,15.16);

12. Sein Opfer und Leiden sind der Weg in eine bessere Zukunft, ein Modell für alle Menschen – durch den Sieg über Leid und Sünde hin zur Herrlichkeit (1. Pt. 2,21;

4,12.13), die er durch seinen Vermittlungsdienst im Himmel jetzt vorbereitet (Heb. 9,27.28);

13. Diese Hoffnung auf die Wiederkunft Jesu und eine neue Welt, in der die vollkommene Gerechtigkeit herrscht, ist absolut sicher und vertrauenswürdig (Joh. 14,1-3.10.11; Off. 22,6).

2.6.6.2. Einfluss des Glaubens auf die (Kriegs-) Therapie

Je größer das Vertrauen und die Hoffnung durch die Therapie / Beratung / Seelsorge entwickelt wird, desto stärker und schneller wird die Resilienz und das posttraumatische Wachstum begünstigt – um die Macht Gottes, den Mut, die Hoffnung und Liebe durch eigene Potenziale zu entdecken und sie im Leben zu aktivieren. Durch einen positiven Glauben werden alle edelsten Tugenden entwickelt, die, ähnlich wie bei der Positiven Psychologie, seelische und geistliche Resilienz und Wachstum fördern können. Im erfolgreichen Fall entsteht durch einen solchen Beratungsprozess, statt Übertragung des Übels durch Introjekte vom Täter auf das Opfer, ein Sieg über das getane Übel und eine Milderung der schlimmen Folgen der Traumatisierung.

Für die Ratsuchenden, die für einen höheren Lebenssinn und den kompletten Kontext und die Perspektive der Frage des Übels, des Leidens und der Ungerechtigkeit offen sind, können die folgenden Gedanken helfen.

2.6.6.3. Ideen über den höchsten Sinn des Lebens und des Leidens:

1. **Ursprünglicher Lebenssinn.** Nach der Bibel sind Menschen ursprünglich nach dem Ebenbild Gottes erschaffen, als vollkommen gut, um ewig in einer liebevollen Gemeinschaft miteinander und mit Gott zu leben und über die ganze Erde zu herrschen (1. Mose 1,26-28; Ps. 8,5-9).

2. **Kosmischer Krieg gegen Gott.** Als freies Wesen mit dem freien Willen hat der erhabenste und schönste Engel Luzifer (hebräisch „Hellal" – Jes. 14,12) rebelliert und versucht, die Herrschaft über das ganze Universum durch seine List und Rebellion von Gott zu übernehmen (Jes. 14,13). Durch seinen Widerstand hat er ein Drittel der himmlischen Engel verführt und zur Erde gebracht (Off. 12,4);

3. **Übernahme der Herrschaft über die Erde.** Durch die Verführung der ersten Menschen hat Satan die Herrschaft über die Erde von Menschen übernommen und sie in seine Sklaven der Sünde und des Bösen verwandelt (Joh. 8,34). Durch diese Herrschaftsübernahme ist ihm, als den neuen Vertreter des Planeten Erde, wieder der Zugang zum himmlischen Rat und zu Gott ermöglicht worden (Hiob 1,6; 2,1).

4. **Kosmische Dimension des Übels.** Aus dem Buch Hiob (Kapitel 1 und 2) wird es deutlich, dass Satan seine Idee vor allen „Söhnen Gottes" propagiert hat und dadurch seinen Einfluss über das ganze Universum verbreiten wollte. Aus der Offenbarung wird klar, dass Satan um das ganze Weltall gekämpft hat und dass der Kampf zwischen dem Guten und

dem Bösen kosmische Dimensionen hat, was die ganze Problematik auf der Erde erschwert.

5. **Wesentliche Änderung.** Durch die falsche Entscheidung der ersten Menschen für Satan als den Herrscher sind Übel, Ungerechtigkeit und Tod zu herrschenden Kräften auf dieser Erde geworden – der unausweichliche Fluch über die ganze Erde (1. Mose 3,17-19);

6. **Universaler Charakter des Übels.** Durch den eigenwilligen Sündenfall sind **alle Menschen** sündhaft und übel geworden (Röm. 3,23; 5,12) und dadurch ist die ganze Welt vom Übel infiziert (1. Joh. 5,19);

7. **Das neue Gesetz der menschlichen Natur.** Durch diese Änderung der menschlichen Natur (»Sündenfall«) ist das Übel ein allgegenwärtiges Gesetz dieses Lebens und damit aller Menschen geworden (Röm. 7,14-21.23.24), die „fleischlich gesinnt" sind (Röm. 8,5-8);

8. **Gottes Lösung für die Befreiung der Menschen vom Übel.** Um Menschen von der Herrschaft der Sünde bzw. des Satans zu befreien, hat Jesus die Schuld und die Strafe aller Menschen übernommen (Jes. 53,4.6; Heb. 9,28), um jedem Mensch seine Gerechtigkeit schenken zu können (Gal. 3,13); damit gibt der Tod Jesu jedem Mensch den Sieg über das eigene Übel (1. Kor. 15,57)[73];

9. **Endgültiger Sieg im Universum.** Damit hat Jesus die Macht und Herrschaft der Mächte des Übels für immer im ganzen Universum besiegt und sie **nur auf diese Erde**

---

[73] 1. Kor. [**15.57**] „Gott aber sei Dank, der uns den Sieg gibt durch unsern Herrn Jesus Christus!"

begrenzt (wo sie die Herrschaft schon übernommen haben) (Off. 12,7-12);

10. **Die wahre Gerechtigkeit.** Nur durch seine Erlösung gibt Jesus den Menschen seine wahre (selbstlose) Gerechtigkeit (Röm. 5,18-21) und damit den wahren Sieg über das Böse (Joh. 8,36; 1. Joh. 5,4.5); dadurch werden wir gerecht, ohne Schuld (Röm. 3,21-26);

11. **Die Erde – das Kriegsfeld.** Dieses Leben und unsere Erde ist ein letztes Feld (Bastille) des kosmischen Krieges zwischen dem Guten und Bösen – zwischen Christus und Satan, in dem Jesus für immer siegen wird (Kol. 2,15; Off. 12,10);

12. **Der endgültige Sieg erst in der Zukunft.** Durch den Sieg über das Böse, jetzt im eigenen Leben und bei seiner Wiederkunft allen Gläubigen, gibt Jesus Christus das ewige Leben und dadurch die Herrschaft mit ihm in der Ewigkeit (Dan. 7,27; Off. 2,7.11.26; 3,5.21; 20,4; 21,7; 22,5);

13. **Höherer Sinn des Leidens.** Aus der Bibel wird ersichtlich, dass das Leben mit allem Leiden und Kämpfen mit dem Bösen eine Vorbereitung für die Regierung mit Christus ist – wie Jesus gesiegt hat, sollen auch alle seine Gläubigen das Böse auf der eigenen Haut spüren, es in seinen Fassetten kennenlernen und schließlich auch besiegen (1. Pt. 2,19-25). Damit werden die Erlösten verherrlicht und mit Christus über das ganze Universum in der Ewigkeit regieren (Eph. 3,9-12; Off. 22,5).

Alle diese Gesichtspunkte bedeuten, dass jede schlechte und traumatische Erfahrung einerseits ein Ergebnis der Sünde – des Bösen im Menschen (bzw. in den Tätern) ist, uns anderseits aber eine Gelegenheit anbietet, daraus zu wachsen, geistlich reifer zu werden und mit Christus ein Sieger über das Böse zu werden. Es ist das höchste Ziel Gottes, dass eben diese siegreichen Erfahrungen mit dem Übel uns zu Experten für das Böse im Universum, für die ganze Ewigkeit, qualifizieren, um andere intelligente Welten durch eigene Erfahrungen vor der eventuellen Wiederholung des Bösen zu warnen und sie auf diese Weise zu beschützen, damit die Geschichte des Sündfalls im Universum nie mehr wiederholt wird.

3. KRITIK AN DER POSITIVEN PSYCHOLOGIE

Obwohl die Positive Psychologie einen positiven Beitrag zur Psychologie, Psychotherapie, Beratung und Seelsorge geleistet hat, ist sie nicht unkritisch hinnehmbar, da sie weder für sich keinen Anspruch auf Vollständigkeit nimmt, noch sie hat. Sie hat einen guten Ansatz im Bereich der psychologischen „Immunisierung", jedoch nicht im Bereich der Diagnosestellung einer Störung oder Krankheit. Die „klinische" Seite der Krankheits- bzw. Störungsdiagnose ist jedoch auch sehr wichtig. Dazu kommt auch die persönliche Lebensgeschichte, die bei einer Diagnostik zu betrachten ist, was in der Positiven Psychologie nicht wesentlich von Bedeutung ist, wie dies bei der Klinischen Psychologie / Psychotherapie der Fall ist. Deswegen kann man in der Therapie ·/ Beratung nicht alles nur mit der Positiven Psychologie behandeln.

Im Verständnis der menschlichen Natur ist die Positive Psychologie teilweise nahe zur biblischen Anthropologie – trotz aller Schwächen hat jeder Mensch auch seine positiven Ressourcen, mit denen er sich für positive, ethische und Lebenswerte einsetzen kann und soll. Nach der Bibel kommen alle guten Gaben von Gott, da er sie jedem Mensch durch die Schöpfung und den Heiligen Geist geschenkt hat. Positive Charaktereigenschaften in der positiven Psychologie sind sehr deutlich mit den christlichen kompatibel – sechs Tugenden mit insgesamt 24 Stärken (siehe Tabelle auf der Seite 63) kann man direkt und indirekt auch in der Bibel wiederfinden, wofür mehr Raum als in dieser Arbeit notwendig wäre (eine solche Analyse ist zu empfehlen). Vor allem eine positive Lebenseinstellung, mit dem Ziel, das Gute aus selbstloser Liebe zu tun, ist das höchste Motiv in beiden Ansätzen.

Im Unterschied zu vielen psychologischen Richtungen betont die Positive Psychologie einen sehr wichtigen Lebensbereich der in der christlichen Seelsorge grundlegend ist – die Spiritualität / Transzendenz. Obwohl die Mehrheit der Vertreter der Positiven Psychologie bekennende Atheisten sind, haben sie durch viele empirische Forschungen entdeckt, dass die Spiritualität ein enorm wichtiger Lebensbestandteil ist, was eine starke wissenschaftliche Bestätigung und Unterstützung für die christliche Seelsorge ist. Es ist selbstverständlich, dass man in der Positiven Psychologie eine weitere und tiefere Erklärung dafür, was Spiritualität bedeutet, nicht finden kann, weil sie dafür nicht zuständig ist. Vorsicht ist in Bezug auf den Begriff „Transzendenz" angebracht, weil sie in der Positiven Psychologie nicht unbedingt etwas mit dem Übernatürlichen (z.B. mit Gott) zu tun hat.

Aufgrund aller Ähnlichkeiten in den sozialen und therapeutischen Bereichen empfehle ich weitere Studien, um die Positive Psychologie mit der christlichen Seelsorge optimal zu integrieren. Während meiner Forschung und der Suche nach Quellen habe ich keine derartigen Studien gefunden, die beide Ansätze integriert hätten, was ein weiteres Forschungsgebiet erfordert. Dieses Werk ist deswegen eine Pionierarbeit mit der Intention, weitere Entwicklungen in dieser Richtung zu erreichen.

Positive Psychologie ist mit der christlichen Seelsorge im Bereich der menschlichen emotionalen und ethischen Natur durchaus kompatibel. In sozialen und naturwissenschaftlichen Bereichen (Neurobiologie, Genetik, Chemie, usw.) gehen beide Ansätze in die gleiche Richtung, die Bedürfnisse nach einer positiven Veränderung der inneren Werte und des positiven Lebensstils zu erfüllen, um die Lebensqualität zu verbessern.

Dennoch, im Bereich der Sinn- und Zweckerklärung der Entstehung und Entwicklung der emotionalen bzw. psychischen Strukturen des menschlichen Nervensystems beruht die Positive Psychologie auf der Idee der evolutionistischen Entwicklung (die sich angeblich ständig in einer positiven Richtung bewegt). Laut dieser Idee kann sich ein Mensch selbst entfalten und braucht keine übernatürliche Kraft von außen. Laut der Positiven Psychologie hat er positive Eigenschaften schon in seinen Genen und in seiner Entwicklung (Fredrickson, 2011). Die Evolution läuft, laut der Positiven Psychologie, sowieso in einer positiven Ausrichtung (was sich in der Realität nur auf dem technischen und wissenschaftlichen Bereich wiederspiegelt, jedoch nicht auf dem ethischen) und der Mensch entwickelt sich weiter, bis eines Tages die ganze Menschheit besser werden wird. Der Höhepunkt dieser Entwicklung ist, laut Seligman, Gott – bzw. ein gottähnlicher Charakter (Seligman, 2007). Seiner Auffassung nach ist das kein übernatürlicher, allmächtiger Gott, sondern ein Charakterentwicklungsniveau als ein vollkommenes Vorbild für die ganze Menschheit (ibid.).

Für alle christlichen SeelsorgerInnen, die die theistische Evolution als Entstehungsphilosophie akzeptieren, ist das kein Problem. Laut dieser Auffassung ist Gott, genau wie bei manchen Vertretern der Positiven Psychologie, kein allmächtiger, allwissender Schöpfer des Universums (Seligman, 2007). Da diese Welt noch immer viele Fehler hat, scheint es, als sei sie noch immer in einem Entwicklungsprozess. Deswegen klingt diese Idee, sowohl für viele Wissenschaftler als auch für liberale Theologen, annehmbar und im Einklang mit dem modernen naturwissenschaftlichen Verständnis der Weltentstehung. Die Auffassung der theistischen Evolution ist ein Kompromiss zwischen dem Glauben und der Wissenschaft.[74] Jedoch, für die SeelsorgerInnen, die die biblische Schöpfung[75] als Grundlage ihrer Lebensphilosophie und Beratung annehmen und damit auch die Erlösung durch Jesus Christus als den einzigen Weg

---

[74] Laut der in der christlichen Welt breit angenommenen, theistischen Evolution hat Gott nicht in sechs buchstäblichen Tagen (jeweils 24 Stunden) unsere Welt erschaffen, sondern in sechs langen Entwicklungsperioden, ähnlich wie in der atheistischen Evolution – in Milliarden von Jahren. In manchen Richtungen dieser Theorie war Gott überhaupt nicht schöpferisch tätig, sondern hat die Entwicklungsprozesse nur gesteuert (Wikipedia, 2013). Diese Auffassung kommt von der Idee, dass man die Bibel nicht buchstäblich verstehen darf, sondern nur symbolisch, besonders wenn es um die Momente geht, die im Widerspruch zur modernen Wissenschaft stehen.

[75] Laut der Bibel ist der Mensch kein Produkt des langen Entwicklungsprozesses der ständigen Verbesserungen, sondern ist durch eine vollkommene Erschaffung nach dem Ebenbild Gottes entstanden, eben als »fertiges Produkt« des vollkommenen Schöpfers (1. Mose 1,31). Sein heutiger Zustand ist von dieser ursprünglichen Vollkommenheit durch den Sündenfall weit entfernt und kann nur durch die Erlösung und Neugeburt wiederherstellt werden (in diesem Leben geistlich und bei der Wiederkunft Jesu auch leiblich).

der Seelenheilung, die Hintergrundidee der Positiven Psychologie über die Weltentstehung und Selbstentwicklung ist unakzeptabel. In dieser Hinsicht ist diese Idee typisch evolutionistisch und teilweise esoterisch (Entwicklung zu einem göttlichen Niveau). Deswegen soll man diesen Moment vorsichtig behandeln und von der christlichen Auffassung trennen.

Dasselbe gilt für das Verständnis der menschlichen Natur. Die Positive Psychologie geht von der humanistischen Idee aus, dass der Mensch völlig gut ist und, dass alle Probleme nur wegen der falschen Entwicklung des sozialen und emotionalen Wertsystems einer Person entstehen. Durch die Positive Psychologie können angeblich alle diese Probleme korrigiert werden. Auch hier gibt es verschiedene seelsorgerische Auffassungen – für manche stimmt das auch. Laut der Bibel nicht alle.

Für die bibelorientierten seelsorgerischen Richtungen gilt dagegen die biblische Idee, dass die ganze Welt und jeder Mensch durch den Einfluss der Sünde von Gott und dem wahren Leben mit ihm entfernt ist (Gal. 1,4; Jak. 4,4; 1. Joh. 2,16; 5,19). Dasselbe gilt auch für die menschliche Natur, die mit allen sündhaften (negativen) Werten beladen ist (Joh. 8,34; Röm. 5,12), von welchen der Mensch geheilt und befreit werden soll (Ps. 32,1; Joh. 8,36).

Dieser Unterschiede sollen allen TherapeutInnen, BeraterInnen und SeelsorgerInnen bewusst sein, um unterschiedliche Annahmen nicht miteinander zu vermischen. Nach dem biblischen Konzept braucht jeder Mensch die Versöhnung mit Gott, mit seinen Mitmenschen (mit

Ausnahmen von Menschen, mit denen das nicht möglich ist) und mit sich selbst. Dazu gehört auch die positive Veränderung der ganzen Persönlichkeit und des Lebens, in deren Prozess die Wertstellung der Positiven Psychologie zusammen mit den christlichen Werten sehr gut (aber selektiv) kombiniert werden kann. Eine dauerhafte und tiefe Motiv- und Charakterveränderung kann, laut der Bibel, nur Gott durch seinen Heiligen Geist bewirken, in der Kooperation mit dem Menschen. Vor allem im Fall des Traumas und des Kriegstraumas sind die Seelenwunden oft so tief, dass kein Mensch, weder TherapeutIn noch BeraterIn, sie heilen kann. Hierfür ist ein göttlicher schöpferischer Akt notwendig. Deswegen ist ein erfolgreicher Therapie- bzw. Beratungsprozess eigentlich eine Kooperation mit Gott in einem Heilungs- und Schöpfungsakt. Nur dann kann der ganze Prozess als eine wahre Heilung bzw. Therapie der Seele (Psychotherapie) stattfinden.

Innerhalb dieser Untersuchung der Thematik Trauma- und Kriegstraumatherapie scheint es einen Mangel an kompletten und ausführlichen Traumabewältigungskonzepten bzw. an einer konkreten Traumatherapie in der Positiven Psychologic zu geben, aufgrund der mir zugänglichen Quellen. Grundkonzepte und Forschungen sind verfügbar, jedoch ist eine weitere konkrete Systematisierung, zumindest hier in Europa, notwendig. Im Fall eines weiteren Interesses besteht die Möglichkeit dies durch spezielle Studien an einer der Universitäten der Positiven Psychologie in USA weiter und tiefer zu erforschen.

4. FORMULIERUNG DER HYPOTHESE

Nach vorgelegten Materialen über das Kriegstrauma, die positive Psychologie und die christliche Beratung / Seelsorge ergibt sich folgende Hypothese:

1. Ein **integratives Konzept** kann zu einem umfassenden Ansatz führen. Aus diesem Grund sind weitere Forschungen und Entwicklungen erforderlich, die in Richtung der Zusammenlegung der Klinischen und der Positiven Psychologie gehen. Es ist von herausragender Bedeutung, einen ausgewogenen Therapie- / Beratungsansatz mit beiden – der Klinischen und der Positiven Psychologie – zu erreichen, damit sich beide Komponenten gegenseitig ergänzen; beim Kriegstrauma kann z.B. die PTSB mit dem Posttraumatischen Wachstum- bzw. Resilienzaufbau integriert werden. Dies ist in den höchsten therapeutischen Kreisen bereits erkannt worden (Reddemann, 2007).

2. Da die empirischen Forschungen der Positiven Psychologie (zusammen mit allen Pionierarbeiten der Vorgänger und allen ressourcenorientierten Ansätzen) belegen, dass dieser positive Zugang zur Problematik des Traumas bzw. Kriegstraumas einen guten Beitrag leistet, empfehle ich eine **Integration der Positiven Psychologie mit der christlichen Seelsorge** in einem gemeinsamen Therapie- bzw. Beratungskonzept, auf eine selektive und kritische Weise. Das könnte dann als „Positive Christliche Psychologie" (Hakney, 2007), oder „Positive Christliche Therapie / Beratung" (noch nicht vorhanden) bezeichnet werden. Hierfür ist eine weitere

Forschungsarbeit notwendig. Beide Konzepte (oder eventuell ein Gemeinsames) können sehr effektiv in der Traumatherapie verwendet werden, um traumatisierten Menschen zu helfen, ihr Trauma auf eine positiven Art und Weise mit der Resilienzentwicklung, dem persönlichen posttraumatischen Wachstum und mit dem christlichen Glauben zu überwinden. Ein detailliertes gemeinsames Traumatherapie-Konzept ist noch zu entwickeln, wofür im Rahmen dieser Arbeit kein genügender Raum besteht. Weitere Forschungen sind zu empfehlen.

3. Weiterhin ist die Empfehlung dieser Arbeit, auf der systemischen Ebene auch die **Strukturen in unserer Gesellschaft zu verbessern bzw. neu aufzubauen**, die den kriegstraumatisierten Menschen einen noch besseren Beitrag geben können. Das kann nicht nur große Vorteile für die Betroffenen bringen, sondern auch einen guten Beitrag zur Stabilität und zu dem Wohlstand der ganzen Gesellschaft leisten. Menschen, die das Kriegstrauma auf eine positive und konstruktive Weise überwunden haben, sind die besten Stabilitätsfaktoren in der Gesellschaft bei Gewalt und Hass gegenüber anderen Nationen. Anderseits können eben solche Menschen anderen kriegstraumatisierten Menschen die beste Hilfe und Unterstützung leisten. Wie sie weiter in der Gruppenarbeit zu involvieren und als Helfer im Integrationsprozess zu engagieren sind, muss weiter erforscht werden.

4. Aus diesen Gründen empfehle ich die **Gründung von Arbeitsgruppen** aus TherapeutInnen und

SeelsorgerInnen, die einen integrativen und funktionsfähigen Ansatz aus o.g. Disziplinen erarbeiten können.

5. ZUSAMMENFASSUNG

Die Positive Psychologie ist für kriegstraumatisierte Menschen plausibel, weil sie sich nicht nur mit dem Negativen (mit der Kriegserfahrung und dem Kriegstrauma) beschäftigt, wie in der klinischen Psychotherapie,[76] was oft zu einer Retraumatisierung und Blockade in der weiteren Entwicklung führen kann. Die Positive Psychologie arbeitet mit mehreren konstruktiven Ansätzen, die eine neue Lebensperspektive schaffen, eine neue Sichtweise, neue positive und konstruktive Weltanschauung und auch positive Werte, die das ganze Leben gesunder und glücklicher machen. Es ist die Arbeit am »inneren Immunsystem«, das den Menschen vor negativen psychischen Störungen beschützt. Die vorgelegten Studien in dieser Arbeit belegen dies. Das ist eine gute Ergänzung zur Klinischen Psychologie, aber kein Ersatz dafür. Deswegen ist es empfehlenswert, diese beiden Ansätze zu integrieren, um beide Komponente zu erlangen – eine gute Diagnose und eine gute lösungsorientierte Therapie. Kombiniert man diesen integrierten Ansatz mit der positiven christlichen Seelsorge, könnte dies den Erfolg zusätzlich steigern, weil ein vernünftiger Lebenssinn und die geistlichen Komponenten (Lebensphilosophie, Vergebung, Verständnis der Frage der Ungerechtigkeit, höherer Lebenssinn usw.) die wichtigste Lebensgrundlage für jede Person schaffen. Das alles haben die vorgelegten Studien belegt. Vielen MigrantInnen, die bereits unter einer doppelten Traumatisierung leiden, kann diese

---

[76]Dies wird »traumazentrierte Therapie« genannt.

kombinierte, positive, ressourcenorientierte, systemische Therapie bzw. Beratung wieder Lebensmut, Hoffnung und Kraft geben, um einen neuen Anfang erfolgreich zu gestalten und damit ein Segen für sich selbst, ihre Familie und auch für die Gesellschaft zu werden.

Diese Arbeit ist mehr ein Ansporn als eine Systematisierung eines neuen therapeutischen Ansatz – sie ist eine Pionierarbeit in der Richtung des (noch nicht vorhandenen) gemeinsamen Konzeptes der Positiven Psychologie, der Klinischen Psychologie und der christlichen Seelsorge in der Kriegstraumatherapie, aber auch in der allgemeinen Beratung bzw. Psychotherapie. Ein ausführliches gemeinsames Therapiekonzept ist für die weitere Erarbeitung zu empfehlen.

Für jede eventuelle Mitarbeit oder Konsultation stehe ich gern zur Verfügung. Für persönliche Kontakte bin ich unter der folgenden E-Mail-Adresse erreichbar:

seelsorge_und_beratung@hotmail.de

EIDESERKLÄRUNG

Hiermit versichere ich, dass ich diese Forschungsarbeit selbstständig verfasst, alle verwendeten Hilfsmittel angeführt und keine anderen als diese angegebenen Hilfsmittel verwendet habe.

Datum: 30.07.2012

Unterschrift:

LITERATURVERZEICHNIS

1. Albrecht, K. (15. März 2001). Folgen von Kriegserfahrungen für Kinder und Jugendliche. *Hausarbeit im Fachgebiet Psychopathologie des Kindes- und Jugendalters* . Zürich, Schweiz: Grün Verlag GmbH.

2. Athanassoulis, N. (28. 08. 2004). *Virtue Ethics.* Abgerufen am 10. 04. 2012 von Internet Encyclopedia of Phllosophy: http://www.iep.utm.edu/virtue/

3. AWMF – Fachgesellschaften. (September 2011). S3 - LEITLINIE POSTTRAUMATISCHE BELASTUNGSSTÖRUNG ICD 10: F 43.1. Aachen: Euregio-Institut für Psychosomatik und Psychotraumatologie.

4. Bauer, W. (1971). *Griechisch-Deutsches Wörterbuch.* Berlin: Walter de Gruyter & Co.

5. Benson, H. (1998). *Staying Healthy in a Stressful World.* Abgerufen am 16. 04. 2012 von Body&Soul: http://www.pbs.org/bodyandsoul/218/benson.htm

6. Bibliographisches Institut GmbH. (2012). *Extroversion.* Abgerufen am 12. 06. 2012 von Duden Online: http://www.duden.de/rechtschreibung/Extraversion

7. Bundes Psychotherapeuten Kammer. (08. 04. 2012). *PTBS-Risiko in Afghanistan sechs bis zehnfach erhöht*. Abgerufen am 30. 04. 2012 von BundesPsychotherapeutenKammer: http://www.bptk.de/aktuell/einzelseite/artikel/pt bs-risiko.html

8. Bundeszentrale für politische Bildung. (2003). *Aus Politik und Zeitgesschichte*. Bonn: Bundeszentrale für politische Bildung.

9. Christian Association for Psychological Studies. (15. 04. 2010). Tha Abundant Life. *Christian Faith and the Positive Psychologie (Konferenz Broschüre)* . Kansas City: Christian Association for Psychological Studies.

10. Clinton, T., & Hawkins, R. (2011). *The Popular Encyclopedia of Christian Counseling*. Eugene, Oregon: Harvest House Publishers.

11. Collins, G. (23. 11. 2012). *Christian Coaching*. Abgerufen am 17. 06. 2012 von Positive Psychology: http://christiancoachingmag.com/?p=1099

12. Csikszentmihalyi, M. (1993). *Flow - das Geheimnis des Glücks, 3. Auflage*. Stutgart: Klett-Cotta.

13. Dietrich, M. (2012). Allgemeine Beratung, Psychotherapie und Seelsorge. *Entstehungsgeschichte, Konzept und Ausbildung* . (F. BTS Fachgesellschaft für

Psychologie und Seelsorge gGmbH, Hrsg.)
Freudenstadt, Deutschland.

14. dpa/Demography. (23. 03. 2005). *Wunderdroge Religion*. Abgerufen am 16. 04. 2012 von Focus Online: http://www.focus.de/gesundheit/gesundleben/vo rsorge/news/gestaerkte-abwehr_aid_92862.html

15. Elviva.de. (2010). *Endorphine - die Glückshormone*. Abgerufen am 20. 12. 2010 von http://www.ellviva.de/Liebe/Sex-Endorphine.html

16. Ermann, M. (November 2003). Wir Kriegskinder. *Vortrag im Südwestrundfunk* . München: Ludwig-Maximilians-Universität München.

17. Evangelischer Regionalverband Frankfurt am Main. (2012). *Evangelisches Zentrum für Beratung und Therapie am Weißen Stein*. Abgerufen am 28. 06. 2012 von Evangelische Kirche Frankfurt am Main: http://www.frankfurtevangelisch.de/zentrum-fuer-beratung-und-therapie-am-weissen-stein-347.html

18. Fischer, C. (2007). *Chemische/Elektrische Synapsen; Biologiekurs Klasse 12*. Abgerufen am 15. 06. 2012 von http://www.egbeck.de/skripten/12/bs12-31.htm

19. Fredrickson, B. L. (2011). *Die Macht der guten Gefühle.* Frankfurt am Main: Campus Verlag GmbH.

20. Froh, J. J. (Mai/Juni 2004). The History of Positive Psychology: Truth To Be Told. (F. o. Association, Hrsg.) *Psychologist, NYS* , 18-20.

21. Gehring, C. (2010). *Posttraumatische Belastungsstörungen.* Aue: Klinik für Psychiatrie und Psychotherapie.

22. Gestrich, C. (08. 05. 2005). Kriegskinder aus dem 2. Weltkrieg. *Rede anläßlich des Befreiungsfestes am 60. Jahrestag der Befreiung vom NS-Regime in der KZ - Gedenkstätte Oberer Kuhberg* . Ulm.

23. Govi-Verlag. (2012). *Kuschelhormon Oxytocin.* Abgerufen am 24. 09. 2012 von Pharmazeutische Zeitung online: http://www.pharmazeutische-zeitung.de/index.php?id=36679.

24. Hakney, C. H. (2007). POSSIBILITIES FOR A CHRISTIAN POSITIVE PSYCHOLOGY. (R. S. University, Hrsg.) *Journal of Psychology and Theology Vol. 35, No. 3* , S. 211-221.

25. Herbst, M. (1999). Seelsorge zwischen biblisch - theologischer und therapeutischer Kompetenz. *Vorlesung WS 1998/99* . Greifswald.

26. Huhn, G. (2011). *Flow, Das Geheimnis des Glücks.* Die Flow Akademie.

27. IFA- Institut für Arbeitsschutz der Deutschen
Gesetzlichen Unfallversicherungen. (15. 07.
2005). *Phenethylamin.* Abgerufen am 28. 05.
2012 von GESTIS-Stoffdatenbank:
http://gestis.itrust.de/nxt/gateway.dll?f=templat
es&fn=default.htm&vid=gestisdeu:sdbdeu

28. IRP-HSG. (2012). *Gewalt, Trauma und
Glaubwürdigkeit / Violence, Traumatismes et
Crédibilité.* Abgerufen am 20. 05. 2012 von
Institut für Rechtswissenschaft und
Rechtspraxis (IRP-HSG):
http://www.irp.unisg.ch/de/Weiterbildung/Tagu
ngen/Gewalt+und+Trauma.aspx

29. Joseph, S., & Linley, P. (2008). *Trauma,
Recovery, and Growth: Positive Psychological
Perspectives on Posttraumatic Stres* (1. Ausg.).
John Wiley & Sons, Inc.

30. Jossen, A. (2007). Sequentielle Traumatisierung
bei MigrantInnen. *Vortrag* . Bern: Universitäre
Psychiatrische Dienste Bern (UPD).

31. Klessmann, M. (2008). *Seelsorge, Ein
Lehrbuch.* Neukirchen-Vluyn: Neukirchener
Verlag.

32. Koinonia. (22. 11. 2011). *Conference
Announcement: Towards a Christian Positive
Psychology.* Abgerufen am 17. 06. 2012 von
Koinonia: http://palamas.info/conference-
announcement-towards-a-christian-positive-
psychology/

33. Kramer, S., & Birnbaum, R. (04. 02. 2009).
*Kriegstrauma: Bilder, die nicht vergehen
wollen.* Abgerufen am 26. 06. 2012 von Der
Tagesspiegel Deutschland:
http://www.tagesspiegel.de/politik/deutschland/
behandlungszentrum-kriegstrauma-bilder-die-
nicht-vergehen-wollen/1435212.html

34. Kroll, H.-P. (07. 04. 2012). *www.depression-
therapie-forschung.de*. Abgerufen am 04. 06.
2012 von http://www.depression-therapie-
forschung.de/

35. Landolt, M. A., & Hensel, T. (2008).
Grundlagen der Traumatherapie. In M. A.
Landolt, & T. Hensel, *Traumatherapie bei
Kindern und Jugendlichen* (S. 11-22).
Göttingen: Hogrefe Verlag GmbH & Co. KG.

36. Lanfranchi, A. (01. 10. 2004). Kinder aus
Kriegsgebieten in europäischen
Einwanderungsländern, Trauma, Flucht, Schule
und Therapie. *V. Europäisches Kongress für
Familientherapie und Systemische Praxis,
Berlin* . Berlin.

37. Lehnen-Beyel, I. (24. 08. 2005). *Glaube
versetzt Endorphine.* Abgerufen am 05. 08.
2012 von Bild der Wissensschaft:
http://www.wissenschaft.de/wissenschaft/news/
256791.html

38. Lopez, S. J., & Snyder, C. (2011). *Handbook of Positive Psychologie.* Oxford: Oxford University Press.

39. Lukas, E. (27. 10. 2011). Langfassung: Dr. Elisabeth Lukas im Gespräch über Logotherapie. (M. Oort, Interviewer)

40. *Luther-Bibel.* (1996). Stuttgart: Deutsche Bibelgesellschaft.

41. Mediaprint infoverlag GmbH. (Januar 2004). *Patienten mit Panikattacken fehlen Rezeptoren im Gehirn.* Abgerufen am 17. 05. 2012 von Klinikinfo.de: http://www.klinikinfo.de/artikel/viewer-test2.cfm?do=30&site=2&id=18&aid=2450

42. Medmonitor GmbH & Co. KG. (20. 10. 2008). *Stresshormone: Cortisol und Co.* Abgerufen am 04. 06. 2012 von medmonitor: http://www.medmonitor.de/cms/praevention-stress-bewaeltigen-stresshormone

43. Michels Kliniken. (2008). Posttraumatische Belastungsstörungen. In M. Kliniken (Hrsg.), *DAS MAGAZIN DER MICHELS KLINIKEN. Ausgabe 03*, S. 3-20. Berlin: Michels Kliniken.

44. Missler, M. (27. 06. 2003). *So kommunizieren Nervenzellen miteinander.* Abgerufen am 27. 05. 2012 von uni-protokolle.de: http://www.uni-protokolle.de/nachrichten/id/19365/

45. Mohr, D. m. (2010). *Reform-Rundschau.* Abgerufen am 18. Dezember 2010 von

Dopamin: http://www.reform-rundschau.de/archiv/article/Dopamin%20-%20der%20Schluessel%20zum%20gluecklichen.htm

46. Naumann, K. (27. 03. 2009). *Kriegstrauma und Zivilgesellschaft.* (D. u. GmbH, Herausgeber) Abgerufen am 26. 04. 2012 von Frankfurter Rundschau: http://www.fr-online.de/einsatz-in-afghanistan/traumatisierte-soldaten-kriegstrauma-und-zivilgesellschaft,1477334,2710000.html

47. Nestmann, F. (2007). *Das Handbuch der Beratung 1* (Bd. 1). Tübingen: dgvt-Verlag.

48. Ohe, G. (März 2010). *Serotonin, ein wichtiger Botenstoff – Eine neue Studie zeigt den Einfluss auf das Stillen.* Abgerufen am 23. 05. 2012 von Verband der Europäischer Laktationsvereinen: www.velb.org/deutsch/docs/studie-zu-serotonin.pdf

49. Passow, S. (August 2005). *Traumazentrierte Psychotherapie.* Abgerufen am 21. 06. 2012 von Psychotherapie & Psychosomatik Silvia Pasow: http://www.passow-psychotherapie.com/dateien/trauma.htm

50. Positive Psychology Center. (2007). *Positive Psychology Faculty at Universities.* Abgerufen am 17. 06. 2012 von http://www.ppc.sas.upenn.edu/ppfaculty.htm

51. Regensy University. (2010). *Regency University & Seminary*. Abgerufen am 17. 06. 2012 von http://www.regencyu.org/

52. Scherer, B., Stocker, K., Rottensteiner, V., & Beck, C. (08. 08. 2011). Posttraumatisches Wachstum. *Power Point Vortrag* .

53. Seidler, G. H., Freyberger, H. J., & Maercker, A. (2011). *Handbuch der Psychotraumatologie*. Stuttgart: Klett-Cotta.

54. Seligman, M., & Steen, T. A. (August 2005). Positive Psychology Progress. *American Psychologist* , S. 410-421.

55. Utsch, M. (26. 12. 2011). *Hilft Glauben heilen? Die Bedeutung des Gebets*. Abgerufen am 16. 04. 2012 von psychophysik.com: http://www.psychophysik.com/html/re-0752-glaube-heilung.html

56. Wikipedia. (03. 05. 2012). *Big Five (Psychologie)*. Abgerufen am 05. 05. 2012 von Wikipedia: http://de.wikipedia.org/wiki/Big_Five_(Psychol ogie)

57. Wikipedia. (12. 02. 2007). *Bindungstheorie*. Abgerufen am 19. 02. 2014 von http://de.wikipedia.org/wiki/Bindungstheorie

58. Wikipedia. (31. 03. 2012). *Endorphine*. Abgerufen am 24. 05. 2012 von Wikipedia: http://de.wikipedia.org/wiki/Endorphine

59. Wikipedia. (17. 03. 2012). *Mihály Csíkszentmihályi.* Abgerufen am 19. 03. 2012 von Wikipedia: http://de.wikipedia.org/wiki/Mihály_Csíkszent mihályi

60. Wikipedia. (12. 05. 2012). *Noradrenalin.* Abgerufen am 25. 05. 2012 von Wikipedia: http://de.wikipedia.org/wiki/Noradrenalin

61. Wikipedia. (23. 04. 2012). *Oxytocin.* Abgerufen am 23. 05. 2012 von Wikipedia: http://de.wikipedia.org/wiki/Oxytocin

62. Wikipedia. (24. 02. 2012). *Phenetyhilamin.* Abgerufen am 28. 05. 2012 von Wikipedia: http://de.wikipedia.org/wiki/Phenethylamin

63. Wikipedia. (18. 07. 2011). *Positive Psychologie.* Abgerufen am 07. 11. 2011 von Wikipedia: http://de.wikipedia.org/wiki/Positive_Psycholog ie

64. Wikipedia. (12. 09. 2011). *Raymond D. Fowler.* Abgerufen am 19. 03. 2011 von Wikipedia: http://en.wikipedia.org/wiki/Raymond_D._Fowl er

65. Wikipedia. (25. 10. 2010). *Serotonin.* Abgerufen am 27. 05. 2012 von Wikipedia: http://de.wikipedia.org/wiki/Serotonin

66. Wikipedia. (19. 02. 2012). *Stresshormone.* Abgerufen am 18. 06. 2012 von http://de.wikipedia.org/wiki/Stresshormone

67. Wikipedia. (14. 05. 2012). *Synapse*. Abgerufen am 17. 05. 2012 von Wikipedia: http://de.wikipedia.org/wiki/Synapse

68. Wikipedia. (09. 10. 2013). *Theistische Evolution*. Abgerufen am 07. 03. 2014 von Wikipedia: http://de.wikipedia.org/wiki/Theistische_Evolut ion

69. Wikipedia. (02. 05. 2012). *Vesikel (Biologie)*. Abgerufen am 17. 05. 2012 von Wikipedia: http://de.wikipedia.org/wiki/Vesikel_(Biologie)

70. Wikipedia. (24. 03. 2012). *Viktor Frankl*. Abgerufen am 15. 04. 2012 von Wikipedia: http://de.wikipedia.org/wiki/Viktor_Frankl

71. World Health Organization. (2011). *Psychological first aid: Guide for field workers*. Genv: World Health Organization .

72. Zöllner, T., Calhoun, L., & Tedeschi, R. (2006). Trauma und persönliches Wachstum. In R. Maercker, & A. Maercker, *Psychotherapie der posttraumatischen Belastungsstörungen* (S. 36-42). Stuttgart: Thieme.

73. Zahlner, U. (21. 09. 2008). *Fachartikel Trauma*. Abgerufen am 05. 02. 2012 von Magister Urlike Zahlner: www.uzahlner.at/artikel-trauma.pdf

Weitere Literatur über die Kriegs- und Postkriegserfahrungen:

- Von der Stein, Bertram: *Flüchtlingskinder: Transgenerationale Perspektive von Spätfolgen des Zweiten Weltkrieges bei Nachkommen aus den ehemaligen deutschen Ostgebieten* in: Radebold / Bohleber / Zinnecker: *Transgenerationale Weitergabe kriegsbelasteter Kindheiten*, München, 2007.

- Aschenbeck, Nils: *Bremen hat Zuzugssperre, Vertriebene und Flüchtlinge nach dem Krieg in Bremen*, Landsmannschaft Ostpreußen e.V. Bremen, 2010.

- Reddemann, Luise: *Überlebenskunst*, Stuttgart, 2007

- Radebold / Bohleber / Zinnecker: *Transgenerationale Weitergabe kriegsbelasteter Kindheiten*, München, 2007

- Mitscherlich, Alexander und Margarete: *Die Unfähigkeit zu trauern. Die Grundlagen kollektiven Verhaltens*, München, 2007

- Fooken, Insa: *Späte Scheidungen als späte Kriegsfolgen? Kriegskindheitserfahrungen und Beziehungsverläufe* in: Ludwig, Janus (Hg.): *Geboren im Krieg: Kindheitserfahrungen im 2. Weltkrieg und ihre Auswirkungen*, Gießen, 2006.

- Fischer, Gottfried/Riedesser, Peter (Hg.): *Lehrbuch für Psychotraumatologie*, München, 1998.

- Astrid von Friesen: *Der lange Abschied. Psychische Spätfolgen für die 2. Generation deutscher Vertriebener.* Gießen, Psychosozial, 2000.
- Jacobs, Ingeborg: *Freiwild. Das Schicksal deutscher Frauen 1945*, Ullstein-Buchverlag, Berlin, Oktober 2009.
- Welzer, Harald: *Wie aus ganz normalen Menschen Massenmörder werden,* Frankfurt, 2005.
- Welzer, Harald: *Opa war kein Nazi. Nationalsozialismus und Holocaust im Familiengedächtnis,* Frankfurt, 2002.
- Senfft, Alexandra: *Schweigen tut Weh,* Berlin, 2007.
- Heinl, Peter: *Maikäfer flieg, dein Vater ist im Krieg.* Seelische Wunden aus der Kriegskindheit, München, 1994.
- Schulz, Hermann / Radebold, Hartmut/ Reulecke, Jürgen: *Söhne ohne Väter: Erfahrungen einer Kriegskindergeneration,* Berlin, 2007.
- Johr, Barbara / Sander, Helke: *Befreier und Befreite: Krieg, Vergewaltigung, Kinder,* Frankfurt, 2005.
- Brunner, Claudia / von Seltmann, Uwe: *Schweigen die Täter, reden die Enkel,* Frankfurt, 2006.
- Borchert, Wolfgang: *Generation ohne Abschied in: Das Gesamtwerk,* Reinbeck, 2001.
- Grass, Günter: *Im Krebsgang,* München, dtv, 2004.
- Bode, Sabine, *Nachkriegskinder, Die 1950er Jahrgänge und ihre Soldatenkinder,* Stuttgart, 2011.

- Bode, Sabine, *Die vergessene Generation, Die Kriegskinder brechen ihr Schweigen*, Klett-Cotta, 8. erweiterte und aktualisierte Aufl. 2011
- Kossert, Andreas: *Kalte Heimat. Die Geschichte der deutschen Vertriebenen nach 1945*. München 2008.
- Gräfin Dönhoff, Marion: *Kindheit in Ostpreußen Verlag*: btb Verlag, 1998.
- Gräfin Dönhoff, Marion: *Namen, die keiner mehr nennt: Ostpreußen - Menschen und Geschichte*, Verlag: Rowohlt Tb., 2009.
- Nowak, Hilde: *Gratis nach Sibirien. Als junge Frau in sowjetischen Arbeitslagern 1945 – 1950*. Kassel 2007.

www.ingramcontent.com/pod-product-compliance
Lightning Source LLC
Chambersburg PA
CBHW060248290526
45789CB00001B/249